突发事件卫生应急培训教材

卫生应急物资保障

主　编　刘剑君

副主编　伍瑞昌　汤晓勇　张必科

编　者

（以姓氏笔画为序）

伍瑞昌　军事医学科学院卫生装备研究所
刘剑君　中国疾病预防控制中心
刘晓青　江西省疾病预防控制中心
孙喜文　中国人民解放军总后勤部卫生部药品仪器检验所
李　群　中国疾病预防控制中心
李琼芬　云南省疾病预防控制中心
李振彪　中国人民解放军总后勤部卫生部药品仪器检验所
吴家兵　安徽省疾病预防控制中心
宋其森　北京市药品监督管理局
汤晓勇　中国疾病预防控制中心
张戈屏　中国疾病预防控制中心
张必科　中国疾病预防控制中心
赵彦忠　中国人民解放军总后勤部卫生部药品仪器检验所
姚建义　中国疾病预防控制中心
徐　雷　军事医学科学院卫生勤务与医学情报研究所

人民卫生出版社

图书在版编目（CIP）数据

卫生应急物资保障 / 刘剑君主编. —北京：人民卫生出版社，2013

突发事件卫生应急培训教材

ISBN 978-7-117-16888-5

Ⅰ. ①卫… Ⅱ. ①刘… Ⅲ. ①公共卫生－突发事件－物资保障－中国－职业培训－教材 Ⅳ. ①D63

中国版本图书馆 CIP 数据核字（2013）第 121137 号

| 人卫社官网 | www.pmph.com | 出版物查询，在线购书 |
| 人卫医学网 | www.ipmph.com | 医学考试辅导，医学数据库服务，医学教育资源，大众健康资讯 |

突发事件卫生应急培训教材
——卫生应急物资保障

主　　编：刘剑君
出版发行：人民卫生出版社（中继线 010-59780011）
地　　址：北京市朝阳区潘家园南里 19 号
邮　　编：100021
E - mail：pmph @ pmph.com
购书热线：010-59787592　010-59787584　010-65264830
印　　刷：北京铭成印刷有限公司
经　　销：新华书店
开　　本：787×1092　1/16　印张：9
字　　数：219 千字
版　　次：2013 年 9 月第 1 版　2017 年 7 月第 1 版第 6 次印刷
标准书号：ISBN 978-7-117-16888-5/R · 16889
定　　价：48.00 元

打击盗版举报电话：010-59787491　E-mail：WQ @ pmph.com
（凡属印装质量问题请与本社市场营销中心联系退换）

序

近年来，自然灾害、事故灾难、突发公共卫生事件和社会安全事件频繁发生，已成为世界各国关注的焦点。突发公共事件具有突发性强、破坏性大、波及范围广的特点，直接影响经济社会协调发展和广大人民群众身体健康与生命安全。卫生应急作为突发公共事件应对的重要内容，一直以来受到党中央、国务院的高度重视和社会各界的高度关切。自 2003 年 SARS 疫情之后，我国加快了卫生应急体系建设，并取得了显著成效。特别是在汶川地震、玉树地震，以及甲型 H1N1 流感、人感染 H7N9 禽流感疫情等突发公共事件的应对中，充分显示出我国卫生应急能力的长足进步。

做好突发事件卫生应急工作，要求我们必须培养造就一支高素质的人才队伍。为推进全国卫生应急培训工作规范化和标准化建设，根据《医药卫生中长期人才发展规划（2011-2020年）》、《2012-2015 年全国卫生应急培训规划》、《全国卫生应急工作培训大纲（2011-2015 年）》要求，我办组织卫生应急各个领域的百余名专家，结合卫生应急工作特点和近年来突发事件卫生应急应对实践，历时一年多，编制了这套突发事件卫生应急培训系列教材。全套教材由传染病突发事件处置、紧急医学救援、中毒事件处置、核和辐射突发事件处置、卫生应急物资保障、卫生应急风险沟通等 6 个分册组成，立足卫生应急岗位需要，突出实用性，凸显科学性，提高可操作性，对各级各类卫生应急人员培训具有很强的指导作用。

希望各级卫生行政部门和各类医疗卫生机构利用好这套教材，加大投入，完善制度，强化考核，大力开展卫生应急管理和专业技术人员的培训工作，全面提高突发事件卫生应急处置能力。

各位参与教材编写的专家在本职工作比较繁忙的情况下，查阅和收集大量资料，按时、保质、保量地完成了编写工作，付出了很多心血和智慧，同时，教材编写也得到了中美新发和再发传染病合作项目（EID）的大力支持，在此一并表示衷心感谢。

由于内容多、涉及面广，此系列教材难免出现一些错误和疏漏，请给予批评指正。

国家卫生计生委卫生应急办公室

2013 年 8 月 19 日

前　言

　　近年来，随着各类突发事件应对形势的日益严峻，各级政府进一步认识到加强卫生应急体系建设的重要性和必要性。建立一支业务扎实、经验丰富的卫生应急专业处置队伍，提高突发公共事件的卫生应急处置能力，是卫生应急体系建设的重要内容。为此，国家卫生和计划生育委员会决定对各级各类卫生应急队伍人员开展全员培训。卫生应急物资保障是重点培训内容之一。

　　本书内容包括卫生应急物资保障概述、卫生应急物资储备、卫生应急队伍装备、卫生应急物资筹措和质量管理、卫生应急装备调配使用与维护保养、卫生应急物资保障的培训和演练、特定情形下的卫生应急物资保障等，涵盖了卫生应急物资保障的主要工作。

　　参加本书编审工作的有中国疾病预防控制中心，江西、云南、安徽省疾病预防控制中心，中国人民解放军总后勤部卫生部药品检定所，军事医学科学院卫生装备研究所和卫生勤务与医学情报研究所，北京市食品药品监督管理局等单位的专家。本书综合了应急管理、疾病控制和后勤保障等相关人员对应急物资保障工作的认识、理解和探索。全书力求简明、实用，可操作性强。各位编审人员所在单位全力支持本教材的编写工作。在此，编委会对众编审人员的辛勤劳动及其所在单位的支持表示诚挚的谢意。

　　本书主要是为各级各类卫生应急专业队伍管理人员和应急保障人员培训和工作时参考，也可供行政部门、医疗卫生机构、医药院校有关人员参考。在实施培训时，我们将重点推广案例教学、研讨等参与式的培训模式，并根据培训课程设置要求，及时补充培训内容，编译更多有代表性的现场工作案例。

　　鉴于编写时间有限，本教材难免有不尽如人意或疏漏之处，恳请同道和读者指正，针对本教材实际培训工作提出建议，以便本教材再版时能进一步完善，更好地为我国卫生应急工作服务。

编　著

2013 年 8 月

目 录

第一章　卫生应急物资保障概述

第二章　卫生应急物资储备

第三章　卫生应急队伍装备

第四章　卫生应急物资筹措与质量管理

第五章　卫生应急装备调配使用与维护保养

第六章　卫生应急物资保障的培训和演练

第七章　特定情形下的卫生应急物资保障

第一章 >>

卫生应急物资保障概述

第一节　卫生应急物资

一、概念

目前对应急物资尚没有一个统一的定义。有人认为应急物资是指在应急物流的实施和保障中所采用的物资，而另外一部分学者认为应急物资是指为了有效应对突发公共事件，减少突发公共事件带来的损失所采用的物资和资源总和。应急物资的概念有广义和狭义之分，广义的应急物资包括防灾、救灾、恢复等阶段所需要的各种物资保障，狭义的应急物资只是指灾害救助所需要的各种物资保障。综合各类定义以及相关文献描述，应急物资的可以定义为："应急物资是指应对自然灾害、事故灾难、公共卫生和社会安全等突发事件中所必需的保障性物资"。

卫生应急物资是指应对上述各种突发公共事件时，卫生应急处置过程中所需要的物资（包含装备），主要是药品、疫苗、医疗器械及相关辅助设备等，它属于应急物资总体内容之中以专业划分的应急物资范畴。

二、分类

卫生应急物资保障分类是建立在所发生的事件类别、区域、应急处置目的及需求以及综合考量等情况进行分类。这种分类是建立在单一要素为标准的，但任何一个事件发生时，随着发生范围及影响程度、地域分布、次生影响等情况变化，其事件特性也随之发生变化，卫生应急工作内容及要求也随之而改变，从而导致卫生应急物资保障也发生变化。因此，卫生应急物资保障分类只是一个参考指标，而非一个工作原则与标准。在分析阐述卫生应急物资保障分类前，有必要先了解应急物资和卫生应急物资的分类情况。

（一）应急物资分类

目前，按应急物资使用的紧急情况可分为一般级、严重级和紧急级三类应急物资。一般级应急物资是指有利于事件或灾害救急，减轻事件或灾害的损失且必要的物资，如环保处理、工程建材、工程设备类物资。严重级应急物资指对减轻事件或灾害损失，缩小损失范围并对应急救援工作能够发挥重要作用，非常必要且重要的物资，如救援运载、防护类物资。紧急级应急物资指对应急救援工作的开展、挽救人民生命财产损失、稳定局势起关键性作用，必须且极其重要的物资，如生命救助、生命支持、临时食宿类物资。目前应急物资大致基于以下特点进行分类：

按应急物资的用途可分为13类，即防护用品类、生命救助类、生命支持类、救援运载类、临时食宿类、污染清理类、动力燃料类、工程设备类、器材工具类、照明设备类、通信广播类、交通运输类、工程材料类。每一类又包括许多具体物资品种。

按应急物资的使用范围来分，应急物资可分为通用类和专用类应急物资。通用类应急物资适合一般情况下救灾工作的普遍需要，也是比较重要的物资，如食品、饮用水、药品等几乎每次应急救援都是必需品。而专用类应急物资则适合于不同的事件或灾害，具有特殊性，应当视情况而定。如发生疫情后需要专门的疫苗、药品，发生洪灾需要救生艇、救生衣等。

按引起应急物资需求的原因分类，应急物资又可分为自然灾害类应急物资、事故灾害类应急物资、公共卫生事件类应急物资、社会安全事件类应急物资、经济安全事件类应急物资。

（二）卫生应急物资分类

卫生应急的物资保障是以公共卫生事件类和其他类突发事件的生命救援与救治所需要的应急物资为主体，辅助一些卫生应急队伍或队员食宿保障类物资。根据卫生应急工作任务和特点，卫生应急物资可分为5大类，即医疗救援类、传染病控制类、中毒处置类、核与放射处置类和队伍保障类装备或物资，每大类又可细分很多小类。

（三）基于突发公共事件领域划分的卫生应急物资保障分类

按照突发公共事件所发生的领域划分，卫生应急物资保障可以分为突发自然灾害卫生应急物资保障，突发社会危害卫生应急物资保障，以及突发疫情卫生应急物资保障三类，具体见表1-1。

表1-1 基于突发公共事件领域划分的卫生应急物资保障分类

分类	简要描述	保障重点
突发自然灾害卫生应急物资保障	地震、海啸、台风、洪涝、干旱、冰雪灾害、泥石流等	紧急医疗救援物资（如紧急救护物资与设备、医药物资与设备等）、应急队员个人生存与生活保障物资与设备、消毒与杀虫等防疫物资与器材等
突发社会危害卫生应急物资保障	重大交通事故、生产性事故、恐怖分子袭击等	紧急医疗救援物资（如紧急救护物资与设备、医药物资与设备等）、特殊防护器材与设备、快速侦检设备、化学性泄漏与污染紧急处置类物资与器材等
突发疫情卫生应急物资保障	非典型肺炎、流行性脑炎、甲型H1N1流行性感冒、人-禽流感等	医疗救援物资、传染病防控类专用物资、专用个体防护器材与设备、快速侦检设备、消毒与杀虫等防疫物资与器材等

（四）基于事件的范围与等级划分的卫生应急物资保障分类

根据突发事件发生的地域范围和其相应的保障等级，卫生应急物资保障可以分为局域级（单一的市或其以下区域）、区域级（2个以上市级区域）、国家级和国际级卫生应急物资保障四类，具体见表1-2。

表1-2 基于事件范围与等级划分的卫生应急物资保障分类

分类	简要描述	保障重点
局域级卫生应急物资保障	发生在单一的市、县或其所属的乡镇区域内的突发事件,通过当地卫生资源能够满足事件处置要求	根据事件发生特性,提供针对事件处置的专用物资与器材
区域级卫生应急物资保障	发生在两个或两个以上市级区域内的突发事件,通过当地行政区域卫生资源不能够满足事件处置要求。需要省级医疗卫生机构提供并组织指挥卫生应急物资保障	根据事件发生特性,提供针对事件处置的专用物资与器材。加强物资运输调度、组织管理、统筹协调,以保障现场处置关键物资需求
国家级卫生应急物资保障	发生在两个以上省级区域或发生在单一区域内,但事件所造成的危害极大,通过省级卫生资源不能满足事件处置要求。需要国家级医疗卫生机构提供并组织指挥卫生应急物资保障	根据事件发生特性,提供针对事件处置的专用物资与器材。加强指挥协调,强化快速调度运输,以保障现场处置关键物资需求
国际级卫生应急物资保障	以国家应急救援队名义参与国际卫生救援	紧急医疗救援物资、应急队员个人生存与生活保障物资、消毒与杀虫等防疫物资与器材等

(五)基于引起突发事件原因划分的卫生应急物资保障分类

根据引起突发事件的原因分为自然灾害卫生应急物资保障、技术灾害卫生应急物资保障和人为灾害卫生应急物资保障三类,具体见表1-3。

表1-3 基于引起突发事件原因划分的卫生应急物资保障分类

分类	简要描述	保障重点
自然灾害卫生应急物资保障	地震、洪水、气象、地质、海洋等灾害	紧急医疗救援物资(如紧急救护物资与设备、医药物资与设备等)、应急队员个人生存与生活保障物资与设备、消毒与杀虫等防疫物资与器材等
技术性灾害卫生应急物资保障	重大工业事故、重大火灾事故、重大公共卫生事件、重大有毒化学品泄漏等灾害	根据事件发生特性,提供针对事件处置的专用物资与器材,如紧急医学救援物资、化学品泄漏紧急处置物资、疫情防控类物资等
人为灾害卫生应急物资保障	重大核、化、生恐怖袭击、报复性化学投毒和爆炸等	快速侦检器材与物资,紧急医学救援物资与器材、个体特种防护物资与器材等

第二节 卫生应急物资保障

一、概念与特点

(一)概念

根据国家相关法律、法规规定,我国把突发事件分为四大类。第一类自然灾害,如汶川地震、舟曲泥石流等。第二类是事故灾难,矿难、交通事故、有害性化学原料泄漏等就属于这个范畴。第三类是公共卫生事件,如 2003 年"非典"流行等。最后一类事件就是社会安全事件,主要是一些群体性暴力、恐怖等行为,我们把它定义为社会安全事件。

卫生应急是突发事件处置过程中必不可少的环节,物资保障是卫生应急工作的重要基础。在高效、统一的应急指挥体系下,卫生应急队员和相应的物资保障有机、整体结合,才能充分发挥卫生应急工作的最大效率。

卫生应急物资保障是指以提供应对突发事件发生时所需要的物资(包含装备)为目的,以追求保障效益最大化和灾害损失最小化为目标的特种保障活动。虽然卫生应急物资保障也是由流体(具体物资)、载体(运输工具)、流向(保障对象)、流量(保障数量)、流程(管理程序)等基本要素构成,但同常态的医疗物资保障有很大差异。常态医疗物资保障在考虑效益的基础上,再考量效率,而卫生应急物资保障是以保障效率为中心。

所以,从"应急"与"保障"两个层面着手,卫生应急物资保障的概念可归结为以下四个要素:①主要应用于偶发性、突发性事件;②属于非常规的特殊保障活动;③必须以最快的速度实现必要的物资的流动和供应;④目的在于实现保障效率。卫生应急物资保障可以定义为"在面对突发事件发生时,通过快速识别和动态确定危机级别,以应急物资的调配为主体,进行有效计划、组织、领导、控制,以追求时间效益最大化和损失最小化的一种特殊需求的物质保障活动"。

(二)特点

在突发事件发生初期,相关的诱发事件的原因以及保障需求物资的数量根据历史数据难以较为准确预测,决策者很难控制应急保障物资和相应的需求,因此,救援保障工作组的快速反应能力受到很大挑战。受到事件的影响,基础性设施的破坏会导致更多不可预测的配送风险,也会导致卫生应急保障网络建设的难度增加,而这些卫生应急保障工作必须在限定时间内完成。大型地质灾害跨地区的卫生应急救援使得整个保障的管理工作变得更加复杂,从而使整个卫生应急救援过程中的供需不平衡问题更加突出。因此,与常态医疗保障相比,卫生应急物资保障处于一个保障量大、时效性强、困难多的特殊时期。基于卫生应急物资保障主要从突发性、不确定性和时间紧迫性等基本特征方面出发,卫生应急物资保障具有以下特点。

1. 非正常性和难以预测性　突发公共事件的发生往往是不可预测或不是可以安全准确预测的,因此,同常态医疗保障相比,卫生应急物资保障同样具有不可预测或不可准确预测的突发性特点。由于很难在第一时间掌握突发事件发生的原因、范围和强度,因此也很难及时准确掌握并了解由于该事件所导致的生命伤害,很难对卫生应急物资保障需求的种类、数量和结构进行预测。

2. 不确定性　我国是一个地形复杂,气候多样的大国,在世界上也是自然灾害最为严重的国家之一,加之目前中国社会处在一个全面转型期,各种突发事件发生频率很高。因此对于卫生应急物资保障的需求无论是数量还是品种上,各地区需求差异化很大,加之突发事件发生的突发性强、波及面广等特性,导致事件发生强弱程度、影响范围、持续时间和损失程度等要素都始料不及,也很难及时作出预测与评估,所以卫生应急物资保障方案设计应包含不确定的指标作为考量基础,增大卫生应急物资保障的可塑性和可变性等要素的设计指标。

3. 时间紧迫性　时间是卫生应急物资保障的显著特征,"应急"二字体现的是特殊时期、特殊问题情况下的特殊解决原则。卫生应急物资保障部门应该在第一时间内采取紧急措施与行动，做出科学合理的判断与决策，组织协调相关部门，尽可能节省卫生应急物资保障过程中所消耗的时间，提高保障效率。

4. **需求集中性** 突发公共事件的发生常带来区域性破坏，为了应对突发事件所带来的生命救援与救护，在事件发生地容易形成卫生应急物资保障的集中需求。

5. **需求阶段性** 在突发事件处置过程中，不同阶段对卫生应急物资保障的需求侧重点是不同的，如在事件发生初期，卫生应急物资保障首先是以生命救护类物资保障需求为重点，而在后期，主要是以卫生防疫类物资保障需求为核心。

二、基本内涵

（一）基本内涵

卫生物资保障系统是卫生应急保障系统的重要支持系统，对突发公共卫生事件处置和突发事件紧急医学救援提供具体物资，并对整个卫生应急保障系统的运行提供物资基础帮助的系统。该系统为实现卫生应急保障系统卫生应急物资的合理布局和动态调配进行卫生应急物资配置、储备及维护等方面的工作，以提高卫生应急物资的综合利用和使用效能，同时提供卫生应急物资状态信息，保障整个卫生应急保障系统的正常运行，从而有效地应对突发事件。该系统直接与关系到卫生应急保障系统运行的有形资金和具体物资相联系，供应的准确、及时、丰富与否直接与卫生应急管理的成效挂钩。

（二）在卫生应急管理中的作用和地位

卫生应急管理尽管是面向各种突发事件，有一定的不可预测性，但是，对于一个完备的突发事件卫生应急系统而言，仍然应该根据可能出现的突发事件的各种特征，建设一个专用的卫生应急保障系统，以便在突发事件出现前作好预防，在突发事件出现征兆时作好准备，最后在突发事件发生后及时根据保障体系的工作逻辑进行处理。该保障系统包括指挥调度系统、处置实施系统、卫生应急物资保障系统、信息管理系统和决策辅助系统。在这五个系统中，指挥调度系统处于整个系统的核心地位，负责整合整个体系，对其他系统行使指挥调度职能，应对突发事件。而卫生应急物资保障系统从物资和人力等卫生应急物资方面对指挥调度系统提供全方位的支持；也为卫生应急管理保障系统的物资基础。

（三）基本要求

卫生应急物资保障体系是一套全面、综合、协调的体系，它具有以下基本要求：

1. **追求可靠的质量保证** 这是卫生应急物资保障的首要环节。

2. **确保安全** 确保卫生应急物资的运输、配送、发放等安全稳妥，为卫生应急物资的保障提供基础。

3. **合理储存** 选择合适且合理的空间位置存放卫生应急物资，以提高管理效率。

4. **流程优化** 最大限度地减少卫生应急物资物流的中间环节，使得物流流程更加紧凑，从而实现时空效益的最大化。

5. **准确无误** 准确掌握卫生应急物资的基本信息，从而严防卫生应急物资的储存、配送、发放等各个过程灾害各类偏差的出现。

6. **全程监控** 对卫生应急物资在需求、筹措、储存等整个过程进行静态和动态监控，以为科学决策提供可靠依据。

（四）构成

卫生应急物资保障系统主要负责卫生应急物资状况和支持度评估,战略性及稀缺卫生应急物资的最低保有值评估和配置,优化卫生应急物资配置(卫生应急物资的合理布局与动态调配),完成卫生应急物资的综合利用、整合和共享等。其系统构成包括:

1. **卫生应急物资的筹措** 根据突发事件卫生应急工作特点,开展卫生应急物资的需求分析,精心制定卫生应急物资筹措计划,及时采购,并确保采购物资的质量,才能确保在卫生应急工作中卫生应急物资的充分保障。可设立应急专项经费,作好应急物资的储备、管理和调配。加强对市场物资的流通监管,坚决打击扰乱市场的违法行为。采购内容应翔实、可靠,必要时可动用行政力量挖掘信息,保证采购工作的顺利进行。

2. **卫生应急物资储备与装备,分布与配置** 以卫生应急物资评估与优化配置方案为依据,科学客观地储备和装备,分布与配置卫生应急物资,以保障系统在平时的正常运行。按照"以用备战"的原则,根据对战备和紧缺卫生应急物资的最低保有值的评估结果,合理配置应急卫生应急物资和战备卫生应急物资,避免卫生应急物资浪费。对应于具体的卫生应急物资管理部门,则还需要在其自身的管理范围内,建立一套特定的优化配置方案,加强此类物资卫生应急物资的统一管理和使用。

3. **卫生应急物资的调用和运输** 卫生应急物资调度请求由实施处置系统根据需要及时向指挥调度系统提出,有指挥调度系统统一指挥。为发挥卫生应急物资整体保障作用,卫生应急物资调用遵循有效利用原则和区域就近原则,根据卫生应急物资的分布、配置情况,制定可操作性强的快速调用程序。根据国家法律、法规制定有关卫生应急物资使用后的归还和补偿规定,卫生应急物资在调配使用后,按有关规定给予归还或补偿。

卫生应急物资的运输考虑便利性、就近性、快捷性,因此除所需物资的购买地点外,还应关注运输工具,在一定程度上快捷性是优于成本等其他特性的优先考虑因素。重点考虑交通运输设施及能力恢复,救灾物资的运输方案,紧急情况下的交通工具征用和管制,工程抢险和生命线的抢救和恢复等问题。

4. **卫生应急物资的使用、维护、补充和更新** 制定完备的卫生应急物资维护制度,对现有卫生应急物资和储备卫生应急物资定期进行维护,排除隐患,确保卫生应急物资安全可靠。当安全保障卫生应急物资的保有量不能满足要求时,根据卫生应急物资评估结果,及时进行补充。及时更新使用性能下降或失去使用效能的卫生应急物资。

5. **卫生应急物资信息系统的建立、维护和更新** 与信息管理系统共同完成卫生应急物资信息的交换和更新。卫生应急物资信息库应包括传输道路、系统设备、主要备件、基础设施、应急设施和其他安全相关卫生应急物资在配置、数量、性能等方面的主要信息。定期维护和更新卫生应急物资库,保持卫生应急物资信息数据和卫生应急物资现状一致。重要卫生应急物资信息发生变化时,应及时报告所属指挥调度系统,由总局指挥调度系统全局掌握卫生应急物资的分布情况。

三、系统构建

为应对日益频发的突发公共卫生事件和开展日益增多的突发事件紧急医学救援,结合我国国情,建立与完善卫生应急物资保障体系是有效应对突发公共卫生事件和开展紧急医学救援的必然要求。

（一）科学分析卫生应急物资需求

根据不同类型的突发公共卫生事件应对和开展突发事件紧急医学救援的需要，制定相对应的卫生应急物资需求。在这个过程中，既要考虑专业的卫生应急物资需求，也要确保后勤保障物资需要，从而建立完整的卫生应急物资保障需求和制度框架。包括一是构建以国家、省、市、县4个层级为核心的多层次卫生应急物资储备制度，确保卫生应急物资的全面充分供应，满足不同级别和地域突发事件的卫生应急工作需求；二是建立健全卫生应急物资的存储、监控、调配工作预案，并进行预案的充分演练和培训，从而发挥预案的积极指导作用；三是根据"先急后缓，保证重点"的原则，建立健全各层级的卫生应急物资储备目录，卫生应急物资储备目录涉及卫生应急实物、产能的储备目录等多方面，并在此基础上根据卫生应急物资保障工作的需要，及时更新、修订有关卫生应急物资的储备目录，动态监控卫生应急物资需求；四是加强部门间的协作。各部门之间相互沟通配合，全面动态地把握卫生应急物资需求，最终确保卫生应急物资的供应落实到实处。

（二）充分筹措卫生应急物资

在突发事件发生时，所需卫生应急物资具有多样性，这就需要合理分析，调查并预测所需的卫生应急物资，从而保障卫生应急物资的合理筹集和采购。卫生应急物资是针对突发公共卫生事件和突发事件紧急医学救援而使用的物资，它的筹集势必具有一定的强制性和社会性，因此各级卫生应急行政部门必须综合利用政治、经济和法律等手段来有效地筹集卫生应急物资。一方面，卫生应急物资可以多种方式提供，主要是政府提供的公共产品、公益捐助、企业和个人自主采购满足自身需求等方式，卫生应急物资筹措的多样性要求政府与市场共同参与卫生应急物资的采购；另一方面，结合卫生应急物资的分类特点，可以采取不同的采购方式。例如对于生命救助类和个体防护类物资，由于风险程度大，虽然采购成本相对较低，但在采购物品定位中它们处于瓶颈物品的位置，因此采购中的总战略是保持库存。进行预防性采购或事先采购都有重大作用，因此不仅要储备实物物资，也要储备生产能力。

（三）建立健全卫生应急物资存储管理制度

首先，对卫生应急物资进行必要的分类，针对具体情况适当地增加所需存储的卫生应急物资的品种和数量，同时合理化物资存储的布局、规模及结构；二是发挥市场机制的调节作用，保障卫生应急物资存储工作落实到位。提前调查当地市场，掌握卫生应急物资存储情况，并事前与这些部门协商好各类物资的价格，避免突发事件发生时物资价格的疯狂上涨，导致采购的卫生应急物资无法满足需求，针对情况对部门卫生应急物资进行动态的存储管理；三是高度重视质量，严格制定并有效执行物资的入库和验收制度；四是全面制定针对存储卫生应急物资的筹集、存储、配送等各个环节的程序和规章制度，以建立完善的存储物资日常管理制度；五是完善统计报告制度。针对前期对卫生应急物资需求的有效准确分析，精确、全面地记录卫生应急物资的存储和使用情况，并定期向上级汇报；六是完善卫生应急物资存储管理的信息系统建设，以保障各个层级卫生应急物资储备信息的共享，从而制定有效的应对策略；七是合理借鉴国外经验，走卫生应急物资存储的专业化和社会化相结合的道路，从而建成一体化、全面型存储体系。

（四）科学配送卫生应急物资

一是建立统一高效的卫生应急物资指挥中心，结合具体情况，对现有社会资源进行整合，借鉴信誉高、价格合理的物流企业来协同配送卫生应急物资；并且可通过一些大型物流企业已经建立起来的较为完善的供应链等渠道将卫生应急物资适时适当地投放市场；同时与卫生应急物资供应商建立合作机制，作好战略储备物资的协调工作，把供应链完备部署到位；二是在危急紧要关头，可借助军方的力量，动用军用运输装备等以保障卫生应急物资快速配送工作的落实；三是重点完善涉及电子商务系统的卫生应急物资配送网络，加强政府部门与企业之间的紧密联系，最大可能地减少物流的中间环节，以保障快速的卫生应急物资配送；四是在应对突发事件中，政府可根据需要，通过媒体宣传等充分运用广大人民力量，从而在最短的时间将卫生应急物资顺利地发送给受灾人员，这样可确保卫生应急物流配送体系的高效率和广覆盖。

（五）及时补充卫生应急物资

在对卫生应急物资的保障过程中，除了针对需求提供保质保量的供应外，及时补充卫生应急物资也是不容忽视的一方面，它是卫生应急物资保障体系的重要组成部分。在突发事件应对过程中必然要大量消耗卫生应急物资，为了保证供应的落实，及时对这些物资进行补充是必要的，否则必然造成严重的人员和财产损失，引起社会秩序的混乱。但是除了对这些显性消耗的应急物资进行补充外，另外一些物资的补充也必须引起重视。虽然在卫生应急过程中卫生应急物资没有被完全地消耗完，但在长时间的存放过程中，由于不断更新的技术而逐渐被淘汰，以致失去原有的效用。所以在突发事件应对后应及时对卫生应急物资进行盘点，列出所需补充的卫生应急物资条目，从而对卫生应急物资进行补充、更换，最大限度地保障卫生应急物资的可利用性，确保卫生应急物资保障体系的完善。

（六）加强卫生应急物资信息系统建设

卫生应急物资信息系统是针对卫生应急工作而建立的专用信息系统，对卫生应急物资保障活动起到重要的支持作用。卫生应急物资各环节优化所采用的方法和途径，如选择合理的运输工具，最短的运输时间、最佳卫生应急物资储备量等都需要依靠卫生应急物资的信息系统。因此，必须全面地提高卫生应急物资的信息水平，以保障卫生应急物资的充分有效供应。一方面要加强建设信息平台，保证各个层级、各个方面卫生应急物资信息的及时有效传递，为科学决策提供指南；另一方面要保证提供先进、稳定的信息交流方式。针对卫生应急物资而建立的信息手段、渠道要比一般状况下的信息传递方式更加先进、稳定，这样才能保障卫生应急物资的筹集、存储、配送等各环节的有效衔接。

第三节　卫生应急物资保障的组织管理

卫生应急物资保障的组织管理是实施卫生应急物资保障管理工作而确立的组织体系和组织制度。主要包括应急物资保障管理机构的设置、构成、编制、隶属关系、职权划分等。卫生应急物资保障管理体制的实质，是将卫生应急物资保障管理活动中人们之间的相互关系加以稳定化和规范化。针对灾害和突发事件出现的新情况、新特点，深入研究探索卫生应急物资保障管理体制的有关理论问题，对于加强卫生应急物资保障管理体制建设，具有重要的意义。

一、管理体制的特点

作为应急救援体制的重要组成部分，卫生应急物资保障管理体制主要有下述特点：

（一）权威性

卫生应急物资保障管理体制的权威性，主要体现在两个方面：一是卫生应急物资保障管理体制在属性上必须具有权威性。否则，就无法保证应急救援高效地完成所担负的特殊职能。卫生应急物资保障管理在很大程度上表现为上级对下级、中央对地方行使指挥权力的行为。科学的卫生应急物资保障管理体制，能够从多方面确保这一过程顺利进行。比如原卫生部《关于加强领导、完善机制全面推进卫生应急工作的通知》中的"统一指挥、反应灵敏、协调有序、运转高效的应急管理机制；加强卫生应急管理机构和卫生应急队伍建设；完善突发公共卫生事件监测预警系统，提高卫生应急快速有效应对能力；形成在各级政府的领导下，部门协调配合、全社会共同参与的卫生应急管理工作格局"。国务院颁发的《突发公共卫生事件应急条例》中"国务院有关部门、县级以上地方人民政府及其有关部门未依照本条例的规定，完成突发事件处理所需要的设施、设备、药品和医疗器械等物资的生产、供应、运输和储备的，对政府主要领导人和政府部门主要负责人依法给予降级或者撤销职务的行政处分；造成传染病传播、流行或者对社会公众健康造成其他严重危害后果的，依法给予开除的行政处分；构成犯罪的，依法追究刑事责任"等内容，都充分说明了这一点。二是卫生应急物资保障管理体制的形成过程，确保了它的权威性。卫生应急物资保障管理体制的各项内容，都是由权威机构确定，并严格按法律程序确定的，不允许各自行其事。

（二）稳定性

从世界范围来看，各国应急管理体制，的确存在着较大的差异，但就某一个国家应急管理的体制而言，则都有相对的稳定性。卫生应急物资保障管理体制是国家应急管理体制的重要组成部分，它的任何变化，都会对国家卫生应急物资保障管理行动产生较大的影响。它一旦建立，便有一个相对的稳定期。这一特点充分说明，在卫生应急物资保障管理体制的建立和改革问题上，必须持慎重态度，决不能随意变更。但是，卫生应急物资保障管理体制也和其他任何事物一样，它的稳定性只是相对的。如果现有的卫生应急物资保障管理体制不能与国家应急救援的实际情况相适应，就应及时改革和完善。德国拥有一套较为完备的灾害预防及控制体系，德国的灾害预防和救治工作实行分权化和多元化管理，在应急物资保障管理中由多个担负不同任务的机构共同参与和协作。最高协调部门是公民保护与灾害救治办公室，隶属于联邦内政部。在发生疫情以及水灾、火灾等自然灾害时，消防队、警察、联邦国防军、民间组织以及志愿组织等各司其职、齐心协力，最大限度地减少损失。对于救灾物资保障，德国是建立民防专业队伍较早的国家，全国约有6万人专门从事民防工作外，还有约150万消防救护和医疗救护、技术救援志愿人员。这支庞大的民防队伍均接受过一定专业技术训练，并按地区组成抢救队、消防队、维修队、卫生队、空中救护队。德国技术援助网络等专业机构可以为救灾物资的运送和供应等方面提供专业知识和先进技术装备的帮助，并在救灾物流中发挥了重要作用。

（三）层次性

从一定意义上说，卫生应急物资保障管理过程，就是卫生应急物资保障管理系统运行和发生作用的过程。一般认为，卫生应急物资保障管理系统，由不同等级的各类卫生应急物资保障管理人员和卫生应急物资保障管理机构所组成。下级卫生应急物资保障管理机构与人员，按照严格的等级隶属于上级机构与主管人员。这种严格的等级制度，决定了卫生应急物资保障管理体制具有鲜明的层次性特征。比如，不少国家的卫生应急物资保障管理体制,一般区分为联邦政府、州和地方的三个指挥管理层次。如美国设有应急物资保障管理的专门单位,平时主要负责应急物资保障的管理储备、预测各级各类应急物资保障需求、规划配送路线。美国法律规定应急行动的指挥权属于当地政府,仅在地方政府提出援助请求时,上级政府才予以增援,并不接替当地政府对物资保障的处置和指挥权限;当地方政府的应急能力和资源不足时,州一级政府向地方政府提供支持;州一级政府的应急能力和资源不足时,由联邦政府提供支持。一旦发生重特大灾害,绝大部分联邦救援经费来自联邦应急管理署负责管理的"总统灾害救助基金"。

二、组织体系

组织体系是指按照一定的目的、任务和形式加以编制组成的紧密联系的体系。根据卫生应急物资保障管理客观规律要求,卫生应急物资保障管理体制必须有科学合理严密的组织系统,它是卫生应急物资保障管理的组织保证。比较健全的卫生应急物资保障管理体制,是由互相独立的分系统,即决策管理系统、综合论证咨询系统、生产采购系统、使用管理系统和维修保障系统等组成。这些系统的内部机构设置、职能划分和相互关系要科学合理,在构建时不能机构重叠、职能交叉、政出多门,但各个环节(研制、生产、采购、使用、维修等)必须互相联系,密切协同,紧密配合。从各国的情况来看,主要的组织系统构成如下:

(一)领导决策机构

卫生应急物资保障的领导决策机构是卫生应急物资保障管理的最高机构,由国家最高领导和最高权力机构组成。其主要职能是:确定卫生应急物资保障发展的基本方针政策、发展战略和总体目标、重大发展项目,决定卫生应急物资保障科研、生产的总体布局和规划,颁布卫生应急物资保障方面的基本法律、法规,以及解决卫生应急物资保障发展和使用等方面的重大问题。各国卫生应急物资保障领导决策机构,一般都是国家最高领导和最高权力机构。如美国的领导决策者和决策管理机构是总统和国会,总统以政府首脑和卫生部部长的身份,领导制定国家安全总体目标和重大应急政策,颁发国家安全指令,包括卫生应急物资保障科研与企业生产的方针政策及指示,国会是最高立法机构,负责审批卫生应急预算和重大卫生应急物资保障发展项目,并通过立法加强卫生应急物资保障科研和生产的控制。

(二)组织管理机构

这一机构是贯彻落实最高领导决策机构制定的方针、政策的组织,一般是由卫生部或有关的专门机构履行这一使命。其主要职能是:对卫生应急物资保障发展工作全面规划和组织领导,制定卫生应急物资保障发展战略与规划计划,组织协调卫生应急物资保障科研、生产、采购、使用、维修等各环节、各部门的关系,以及监督控制规划与计划的实施等。各国卫生应急物资保障采办组织管理机构,因国情不相同,西方国家卫生应急物资保障采办的组织管理机构大多是卫生部。

(三)组织实施机构

在卫生应急物资保障管理的这一层次中,主要包括科研、生产和采购三个具体实施机构。

1. 科研管理机构　科研管理机构主要负责卫生应急物资保障的技术调研、发展目标确定和计划制定,并对卫生应急物资保障进行基础研究和试验。各国科研的管理相对集中。由于各国的管理体制不同,科研管理机构设置也有区别,分为卫生部下属的科研管理机构、省市科研管理机构和基层科研管理机构等。

2. 生产管理机构　卫生应急物资保障生产管理机构由于各国的体制不同而有较大区别。实行高度市场经济的国家，在卫生应急物资保障生产管理上，主要是通过政府拨款、财政补贴、税收等宏观经济政策和法律手段调控整个卫生应急物资保障生产活动。非完全市场经济的国家，设有卫生应急物资保障生产管理机构，对卫生工业实行控制和管理，卫生工业完全或者是绝大部分是国有国营。

3. 采购管理机构　由于管理体制不同，各国在这一机构设置上也有所不同。如美国卫生应急物资保障采购是在卫生部负责采办与技术的副部长的指导下，由有关部门负责具体组织实施；俄罗斯是由装备部门负责组织实施；英国和法国分别由卫生部下属的装备采购部和装备总署，负责卫生装备采购计划并组织具体实施。

（四）卫生应急救援队装备调配和维修保障机构

卫生应急救援队卫生应急物资保障调配和维修保障机构是指卫生应急救队承担卫生应急物资保障从接收起到退役报废止的各级装备管理部门。其主要职责是：装备的请领、补充、动用、封存、保管、维护、修理、转级、退役、报废和技术革新等。各级装备部门对卫生应急救援队卫生装备的使用管理实行统一计划、分级管理和领导负责的原则。统一计划是指对卫生应急救队的一切卫生应急物资保障，从配发至退役处理必须要实行统一计划管理。分级管理是指在卫生应急救队卫生应急物资保障管理工作中，分层次、按系统实施管理，其目的是为充分发挥各级管理机构的职能作用，调动各单位、各部门、各系统和全体人员的积极性，共同管好用好卫生应急物资保障。领导负责是指卫生应急救队所属单位的领导要对本级所属的卫生应急物资保障管理工作负完全责任。随着科学技术的飞速发展，新型卫生应急物资保障不断投入使用，卫生应急物资保障的使用管理越来越复杂，对使用管理机构的要求也越来越高。

三、法律制度体系

一个完善、健全的卫生应急物资法规体系，是卫生应急物资保障管理的法律依据，是卫生应急物资保障系统有效运行的基本保证。一方面，国家通过法规、政策对卫生应急物资保障实施宏观调控管理，为卫生应急物资保障发展创造良好的法律和政策环境；另一方面，卫生应急物资保障各级管理机构和实施单位，依据管理法规规范自己的行为，履行自己的职能，使卫生应急物资保障系统在法治的轨道上正常运转。卫生应急物资保障管理法规体系一般由法律、法规和规章三个层次组成，分别由中央、地方相关部门，依据宪法和法定程序制定和颁发的适用范围也相应有所不同。卫生应急物资保障管理法规的实施，不仅是司法机关、管理机关的事，而且也是中央和地方与其相关的部门、单位、人员的共同任务。只有增强法制观念，严格依法办事，事事依法管理，执法必严、违法必究，才能保证卫生应急物资保障管理活动正常有序。

卫生应急物资保障管理的法规制度，是国家组织领导和有效控制卫生应急物资保障建设的重要手段，是卫生应急物资保障建设正常进行的基本保证。这是因为：第一，由于卫生应急物资保障的建设涉及政府部门、企业、科研院所等多种社会关系，因此对其管理需要集中统一的领导和社会各个领域的协调配合。这就决定了对卫生应急物资保障上的一些重大问题，国家必须以法律、法规来加以规范，才能保证其有计划地顺利实施。第二，卫生应急物资保障的特殊商品属性和在研制、生产和消费过程中所具有的特殊规律，决定了卫生应急物资保障在整个发展过程中不能完全按照普通商品生产和流通的原则来确定，不能以经济效益作为卫生应急物资保障发展的唯一目标。所以，对卫生应急物资保障管理的一切重要活动，应以法律、法规和规章的形式作出明确的规定，作为规范各个部门行为的准则，作为组织进行卫生应急物资保障发展决策、研制、生产、采购、编配和使用的基本依据，以保证卫生应急物资保障发展。第三，卫生应急物资保障建设与发展直接关系国家稳定与安全。为了保证卫生应急物资保障建设与发展和国家科技、经济的发展相适应，世界各国普遍强调通过建立科学、完善的法规制度，指导并保证卫生应急物资保障的发展和使用在国家整体发展与建设的大系统中有序进行。第四，随着科学技术的飞速发展和卫生应急物资保障性能不断提高，对卫生应急物资保障研制、生产、采购、使用和维修管理的系统化、综合化、规范化、标准化要求也越来越高，必须有一套科学统一的管理程序和技术标准、规范作依据，有一套完整的条令、条例和规章来指导卫生应急物资保障管理的实践，才能保证卫生应急物资保障建设与发展的正常进行。第五，经济基础决定上层建筑，对于实行市场经济体制的国家来说，由于市场经济首先是一种法制经济，因此卫生应急物资保障管理领域也必然要求实现法制管理。在法规建设上，各国都有较健全和完善的法规制度作为卫生应急物资保障管理和使用的法律保证。

四、标准体系

卫生应急物资管理标准化是指在国家卫生应急建设，尤其是卫生应急物资保障建设领域内，制定卫生应急物资保障管理标准、实施标准并对标准的实施进行监督的全部活动。开展卫生应急物资保障管理标准化工作的目的，就是要实现国家卫生应急建设，尤其是卫生应急物资保障建设中各项技术和技术管理活动的规范化，推动卫生应急物资保障管理的通用化、系列化和组合化，保障卫生应急物资保障管理质量，提高卫生应急处置与救援完好性，节省寿命周期费用。

（一）卫生应急物资保障管理标准

卫生应急物资保障管理标准是指为满足卫生应急要求，获得最佳社会和经济效益，对有关的重复性事物和概念所作的统一规定。它以卫生科技和卫生应急物资保障管理建设实践经验的综合成果为基础，经有关方面协商一致，由主管机关批准，以特定形式发布，作为卫生科技和卫生应急物资保障管理科研、生产、使用和其他卫生应急活动的共同依据。制定卫生应急物资保障管理标准是卫生应急物资保障管理标准化工作的基础。

根据组成内容和用途的不同，卫生应急物资保障管理标准可以分为标准、规范、指导性技术文件三大类。

标准类，为获得最佳卫生应急秩序，对活动或其结果规定共同的和重复使用的过程、程序、实践和方法的统一的工程及技术要求等内容的一类标准文件。标准通常通过法规、文件或工程项目合同工作说明纳入合同。

规范类，为支持卫生应急物资保障订购而制定的一类标准文件。这类文件规定订购对象应符合的要求及其符合性判据，以保证其适用性。规范通常由订购方根据订购物资保障的具体情况进行必要的、合理的增、减、修改（通称剪裁）后纳入装备与物质订购合同的附件，作为卫生应急物资保障管理订购合同的质量要求及验收的判据。

指导性技术文件类，为研制、生产、使用和技术管理等提供有关资料和指导而制定的一类标准文件。这类文件通常不作为合同要求纳入合同。

卫生应急物资保障管理标准根据其适用范围的不同，又可以分为不同的级别或层次。目前，我国将卫生应急物资保障管理标准划分为国家卫生应急物资保障管理标准和部门卫生应急物资保障管理标准。国家卫生应急物资保障管理标准主要是指对国家卫生事业建设与发展具有重大意义而必须在整个卫生应急和技术管理范围内统一的标准，适用于医药卫生科研生产领域。部门卫生应急物资保障管理标准主要是指对卫生某一部门建设与发展有重大意义，需要在部门范围内统一的标准。

（二）卫生应急物资保障管理标准体系

卫生应急物资保障管理标准化工作是一项系统工程。单个的、孤立的卫生应急物资保障管理标准所发挥的作用是十分有限的。因此，必须把相关的、彼此间有联系的卫生应急物资保障管理标准集成一个整体，发挥卫生应急物资保障管理标准的整体保障作用。这就涉及建立卫生应急物资保障管理标准体系的问题。所谓卫生应急物资保障管理标准体系，就是由若干个相互依存、相互制约、相互关联的卫生应急物资保障管理标准组成的具有特定功能的有机整体。卫生应急物资保障管理标准体系的建立，有利于卫生应急物资保障管理标准化工作走上系统化、规范化的道路，有利于避免工作中的盲目和混乱，对卫生应急建设和管理，也具有重要的意义。

为了加强卫生应急物资保障管理标准体系建设，必须制定卫生应急物资保障管理标准体系表。卫生应急物资保障管理标准体系表是将一定专业范围内的卫生应急物资保障管理标准，按规定形式排列起来。它不仅可以反映出卫生应急物资保障管理标准体系结构的全貌、层次和结构关系，适用范围和领域，而且能反映出分系统之间及标准之间的相互联系。

目前，根据卫生应急物资保障的发展情况和卫生应急物资保障管理标准与卫生应急物资保障的依从性和指导性关系，我国卫生应急物资保障管理标准体系应包括：医疗救援类物资保障系统标准、传染病控制类物资保障系统标准、中毒处置类物资保障系统标准、核与放射处置类设备与物资系统标准、队伍保障类物资保障系统标准、通用基础标准、材料及零配件标准等。

（三）卫生应急物资保障管理标准化的内容

卫生应急物资保障管理标准化的任务是制定卫生应急物资保障管理标准、组织实施标准和对标准的实施进行监督，卫生应急物资保障管理标准化的内容具体体现在以下几个方面：

1. 规划和计划　为了有效地开展卫生应急物资保障管理标准化工作，必须制定卫生应急物资保障管理标准化工作的规划和计划。根据时间长短，分为长期规划、中期计划和年度计划。长期规划一般为十年及十年以上周期，中期计划一般为五年计划周期。根据制定等级，又可分为国家计划、部门计划和基层计划。

标准化中长期规划计划的内容一般包括纲要、专项项目两大部分。纲要是规划的核心，主要包括形势和现状的分析、主要指导思想、规划期内所要求达到的总要求和目标、主要任务和相应措施以及预期的社会效益和经济效益等。其中措施部分一般包括方针、政策的调整，经费的提供和条件的改善，人才培训和机构的调整、途径和手段，组织管理的改进等内容。专项标准项目作为重点标准项目管理，需逐项列表。由于卫生应急物资保障管理标准化工作的中长期规划和计划涉及面广，影响深远，因此由国家直接组织制定。

标准化年度计划是标准化中长期规划计划的具体执行计划。其意义是通过计划的逐年安排，使规划目标要求的具体项目能有条不紊地贯彻实施。其制定的依据是卫生应急物资保障管理标准体系表，卫生应急物资保障管理标准化长期规划和五年计划，卫生应急物资保障发展规划和相应的年度计划，科研、生产和使用各方急需使用的标准项目，以及国外先进卫生应急物资保障管理标准发展情况等。年度计划根据其级别，分别由原卫生部、省卫生厅及各基层单位组织制定。

2. **制定与修订**　制定卫生应急物资保障管理标准是卫生应急物资保障管理标准化工作的基础。制定卫生应急物资保障管理标准，尤其是制定国家卫生应急物资保障管理标准的过程，实际上是根据卫生应急建设以及技术发展的需要，在科学技术与实践经验的综合成果的基础上，将科研、生产、使用和管理等有关方面的意志和利益协调统一，转化为国家意志和利益的过程。制定标准，必须做到目标明确，统一协调，实事求是，坚持以卫生应急需求为主导的科研、生产、使用三结合的原则。对于国外先进卫生应急物资保障管理标准据我国卫生应急的实际需要，积极转化；为我国卫生应急物资保障管理标准；对于能够满足卫生应急物资保障管理要求的国家标准和行业标准，则要积极加以采用，不再制定相应的卫生应急物资保障管理标准。

国家卫生应急物资保障管理标准由原卫生部组织制定，部门卫生应急物资保障管理标准由省卫生厅及原卫生部有关司局组织制定。计划下达后，有关部门即应按计划要求指派主编单位牵头成立编制组，由编制组根据立项论证报告和下达的计划要求提出编制大纲。此后，标准的制定就要依次经过调查研究、提出标准草案征求意见稿并根据意见反复修改、提出标准送审稿、审查、提出标准报批稿、审批和发布等各个阶段。标准在发布后，即完成了其制定程序。

由于现代科学技术的发展非常迅速，标准在经过一段时间的实施后，可能会不适应新的情况，这时就需要对已颁布的标准进行复审和必要的修订。标准复审通常5年一次。标准复审的目的是确定现有标准是否继续有效、是否需要修订、是否要废止，程序通常比制定标准简单。标准修订的程序基本上同制定程序一样。

3. **实施与监督**　卫生应急物资保障管理标准只有经过实施才能产生实际效益。虽然标准有别于无条件强制执行的法规性文件，但是，它以有关方面的批准认可或共同约定为前提，一经发布，均要执行。标准一旦为法规文件和合同所引用，就必须无条件地执行。

卫生应急物资保障管理部门在实施标准中起主导作用，应根据卫生应急物资保障的具体要求提出实施标准的要求，并将其纳入合同。合同一旦生效，卫生应急物资保障管理部门按照合同，要求承担物资保障生产的单位实施标准，并监督、检查其执行情况。标准通常是结合物资保障采购来组织实施。这样做最易达到预期效果，是贯彻的最主要、最有效形式。当然，由于科研、生产与采购活动的形式及内容复杂多样，标准贯彻的模式也可能多种多样。但无论是以何种模式贯彻实施标准，都必须坚持实事求是，坚持原则性与灵活性相结合，以"统一、高效"为目标，正确处理好标准实施过程中的各种关系，为卫生应急建设和管理提供有效保障。

为了保证卫生应急物资保障管理标准贯彻实施的有效性，必须对其进行监督。一般的，从原卫生部至以下各级卫生应急物资保障管理部门都设有卫生应急物资保障管理标准化管理机构。卫生应急物资保障管理标准贯彻的监督工作一般由这些机构组织实施。

第二章 »

卫生应急物资储备

第一节　卫生应急物资储备概述

一、应急物资储备

（一）概念

物资储备是一种有目的储存物资的行动，也是这种有目的的行动和其对象的总体称谓。物资储备的目的是保证社会再生产连续不断地、有效地进行。所以，物资储备是一种能动的储存形式，或者说，是有目的的、能动地生产领域和流通领域中物资的暂时停滞，尤其是指在生产与再生产，生产与消费之间的那种暂时停滞。马克思讲的"任何商品，只要它不是从生产领域直接进入消费或个人消费，因而在这个间歇期间处在市场上它就是商品储备的要素。"（《马克思恩格斯全集》第24卷，第161页）就是指的这种情况。

应急储备是指国家为了应付自然灾害、核生化污染等突发事件，保障伤病员及相应人员的医疗救治、运送及生活需求，而在平时有计划地建立一定数量的物资、货币、能力等方面的储存或积蓄，主要包括物资储备、生产能力储备和财力储备等几个方面。

（二）储备和库存、储存的区别

在物流科学体系中，经常涉及库存、储备及储存这几个概念，而且经常被混淆。其实，三个概念虽有共同之处，但仍有区别，认识这个区别有助于理解"储备"的含义。

1. 库存　库存指的是仓库中处于暂时停滞状态的物资。这里要明确两点：其一，物资所停滞的位置，不是在生产线上，不是在车间里，也不是在非仓库中的任何位置，如汽车站、火车站等类型的流通结点上，而是在仓库中；其二，物资的停滞状态可能由任何原因引起，而不一定是某种特殊的停滞。这些原因大体有：①能动的各种形态的储备；②被动的各种形态的超储；③完全的积压。

储备和库存的本质区别在于：第一，库存明确了停滞的位置，而储备这种停滞所处的地理位置远比库存广泛得多，储备的位置可能在生产及流通中的任何结点上，可能是仓库中的储备，也可能是其他形式的储备；第二，储备是有目的的、能动的、主动的行动，而库存有可能不是有目的的，有可能完全是盲目的。

2. 储存　储存是包含库存和储备在内的一种广泛的经济现象，是一切社会形态都存在的经济现象。马克思指出："产品储存是一切社会所共有的，即使它不具有商品储备形式这种属于流通过程的产品储备形式，情况也是如此。"（《资本论》第2卷，第140页）。在任何社会形态中，对于不论什么原因形成停滞的物资，也不论是什么种类的物资在没有进入生产加工、消费、运输等活动之前或在这些活动结束之后，总是要存放起来，这就是储存。这种储存不一定在仓库中也不一定是有储备的要素，而是在任何位置，也有可能永远进入不了再生产和消费领域。但在一般情况下，储存、储备两个概念是不作区分的。

物流学的储存概念是包括储备、库存在内的广义的储存。和运输的概念相对应，储存是以改变"物"的时间状态为目的的活动，从而克服产需之间的时间差异获得更好的效用。

（三）特征

1. **实物性和财产性** 广义的储备包括实物储备和金融资产储备，主要包括：①为了维护安全需要而储备的物资；②为了保证经济生活稳定持续发展（应对灾害等突发性巨灾和风险）所作的储备；③为维护社会生活稳定正常进行的储备；④国家金融资产储备。这些储备具有实物属性和财产属性。这些属性说明，它们在进入需要和使用过程时，不需要经过社会的分配环节和市场的供给——需求配置环节，可以由国家和政府部门直接投放和使用。

2. **应急性和预期性** 从古今中外储备历史中可知，储备从来都是为防备战争、灾害及经济失衡等突发性巨灾和风险而建立的。这些不确定的突发性巨灾和风险有可能导致社会偏离正常的轨道，对社会公共安全和稳定造成较大影响，直接或间接影响区域、国家或全球经济中的供给与需求，造成社会供给与需求远离平衡态。显而易见，建立储备的根本目的是为了"不时之需"，是不得已而为之。如果没有不确定的突发性巨灾和风险，储备就失去意义了。所以防备性的"预期"和投入使用中的"应急"是储备的根本属性。而储备的直接实物和财产属性也为应急属性的发挥提供了必要条件。但是要注意，这些应急属性并不是完全被动和不可预期的。任何自然和社会的突发性巨灾和风险，它们发生的时间性和空间性是不可预知的，但是，作为国家和政府的防范意识及工作，却要有预期性、前瞻性和主动性。

3. **完全公共品性** 储备的完全公共性体现在如下两点：①从物质效能和使用上看储备的完全公共产品属性。储备和公共基础设施、政府提供的公共管理和服务、公共事业一样，具有公共产品的特征。这是因为，市场主体没有义务和能力为国家安全主动承担责任，不可能主动承担国防、应对突发性巨灾和风险和宏观经济调控所需要的储备。在储备领域存在着市场失灵，储备的完全公共产品属性是因为和由于它们是全体社会的每一个成员在需要时都有使用的权利、机会和份额。②从存在形式和产权属性上看储备的完全公共产品属性。储备不是准公共物品，它们的所有权是国家、全体公民和社会，它们的使用权也是如此。储备的完全公共产品属性是因为它们是由国家和政府代表国家的全体社会成员而提供、拥有和使用的。

4. **完全垄断性** 储备的完全垄断性是由以下几个方面决定的。①储备各方面的信息（储备的具体内容、数量和区域等）由国家和政府部门绝对垄断和保密；②它们的提供不经过市场途径，而由国家和政府根据需要直接供应、调配和投入使用；③它们不是市场机制决定的供求；④它们是国家垄断的公共品。

5. **战略性和高度机动性** 储备的战略性是指政府从国家的长远利益出发，重点关注国家层面所面临的巨灾和风险；在对社会发展进行宏观把握的基础上，对关系国计民生的重要物资进行储备,以便应对未来供应紧张或供应中断以及供求关系失衡。储备的高度机动性意味着储备在存储、投放和使用过程中,它们可以不必经过社会的分配过程和市场的配置过程。

二、卫生应急物资储备

(一)概念

卫生应急储备是各级人民政府和有关部门针对各类突发公共事件和突发公共卫生事件卫生应急行动,用于医疗救援和传染病控制、中毒处置、核与放射损伤处置、心理干预等工作需要,根据不同事件特点、规模和大小,为保障应急处置和恢复重建工作的物资及时供给所采取的一种主动的储存物资行动。

卫生应急储备的物资具有以下作用:一是具有救生作用,即挽救生命,如止血、止痛、抗休克、维持生命指征。二是具有缓解作用,即缓解伤情、病情,促进健康,如各种治疗药品、手术器械、卫生装备。三是具有防病作用,即预防或阻止疫情流行,如各种防疫药品、防疫器材及装备。

卫生应急储备是建立健全卫生应急保障机制的重要组成部分,也是应急体系基础设施建设的重要一环,目的是保障政府在处置重大公共事件和重大公共卫生事件时,卫生应急所需物资和用品能及时供应、补充、更新。

(二)特点

卫生应急物资储备是建立在突发事件和突发公共卫生事件的应急处置上,因此具有以下特点:

1. **紧急性**　突发事件造成的人员伤害往往需要实施紧急救治,而救治的基础是充足的物资储备。因此,在任何时候,储备物资准备必须充分,保障行动必须快速。例如,1990 年 6 月,中国某地发生 ^{60}Co 源辐照装置事故,7 名工作人员分别受到 2.0～12Gy 剂量的 γ 射线照射,造成中度以上骨髓型急性放射病。物资储备部门紧急供应了大量新鲜血液、细胞因子、生长因子等生物制品和抗感染药物,有力保障了患者的救治行动。

2. **不确定性**　突发事件具有不确定性,而且还会引发难以预料的次生灾害,这些不确定性对物资的事前储备和准备造成了困难。例如,1995 年日本阪神 7.2 级地震引发了多起火灾;2005 年东南亚地震引起海啸;2008 年四川汶川大地震引发了"堰塞湖"及水灾威胁。应对工作必须根据灾情或灾难的变化,以更灵活的方式作好与物资储备相关的物资准备,及时提供适宜的物资。

3. **集中性**　突发事件对物资需求集中性主要是由于伤病发生的集中性造成的。例如,2002 年 9 月 14 日,南京江宁区汤山镇发生"毒鼠强"中毒,由于毒鼠强无特效药品,只能依靠对症处理,其中医疗仪器设备占急救物资的 42%,特别是人工球囊呼吸器对挽救生命发挥了重要作用。四川汶川大地震造成约 40 万人受伤,受伤者大多为建筑物坍塌造成的挤压伤、骨折、外伤等,需要大量的氯化钠注射液、杀虫剂等防疫物资。物资需求的集中性要求事先有足够的储备,同时,具有足够的远程调运和运输能力,以及强有力的物资管理设施和技术水平,以应付大量物资的集中验收、存放、调运和配送任务。

4. **阶段性**　应急医学救援具有明显的阶段性,特别是重大灾难。一般可以把灾难医学救援分为三个阶段:①应急期:抢救生命是应急期最显著和突出的任务,外伤 / 伤口类急救物资储备是其重点。②亚急期：灾难造成的破坏改变自然和人工环境，环境状况开始恶化。与此同时，当地的疾病谱也开始恢复，与灾难无直接关系的疾病开始增长。伤病的确定性医疗和防疫物资储备是此期的重点。③恢复期：疾病谱基本恢复到灾前水平，因灾难而造成的伤残者进入康复期，物资储备与灾前逐步一致。

5. 多样性　突发事件的突变性以及医学救治的阶段性引发的直接结果，就是物资需求的多样性。例如，1948 年阿什巴德地震后，伤寒发病率上升了 36%，急性痢疾的发病率上升了 22%。1963 年"佛罗拉"台风袭击海地南部地区，20 万人无家可归，居民中发生疟疾流行。1976 年唐山地震，震后 3 天，肠炎、痢疾开始发生并迅速蔓延，1 周后达高峰。物资储备必须根据这些变化适时进行调整。

（三）主要种类

卫生应急储备物资可以根据不同的维度进行分类。

1. 按照卫生应急储备物资的性质划分

（1）通用急救物资：通用急救物资属于现场抢救必需的物资。主要包括包扎用的急救包、急救敷料、固定用的夹板、石膏绷带，止血、镇痛、急救、麻醉、抗休克、抗感染等用的物资，大致可以分成抗感染、镇痛与镇静、麻醉及麻醉辅助、抗休克与呼吸兴奋、止血、调节水及电解质和酸碱平衡、激素与维生素、敷料和包扎固定材料等种类。

（2）通用防治物资：无论何类突发事件都会诱发一些常见的疾病，如消化系统疾病、呼吸系统疾病、心理障碍性疾病等，严重的突发事件还容易造成环境污染问题。例如，1995 年1 月 17 日日本阪神大地震，在灾后的 15 天里，共有 6107 名患者入院治疗，其中因地震致伤入院者 2718 人（44.5%），因各种疾病住院者 3389 人（55.5%）；因挤压综合征、外伤、疾病的死亡率分别是 13.4%、5.5%、10.3%。因此，通用防治物资也成为突发事件应急救援的一大类必备物资。通用防治物资主要包括：上呼吸道感染防治药物、胃肠道疾病防治药物以及少量的心血管系统药物等。

（3）各类突发事件专用急救物资：①地震伤救治物资。地震伤员中常见的是骨折（20%）、挤压伤（10%）、颅脑伤（5%）、软组织伤（50%）。通用急救物资能够满足大多数地震伤员的救治，但对于挤压伤、治疗时间相对较长，需要补充专用急救物资，其他物资包括帐篷、便携式发电机、电动吸引机、多功能麻醉机、人工呼吸机、透析机、一次性手术用敷料、换药器材和敷料等。②水灾伤救治物资。水灾造成的死亡主要是淹溺、外伤、皮肤病、眼病、消化道疾病，抢险救灾人员还易发生中暑。因此，水灾伤病救治物资主要包括输液、镇静、肾上腺皮质激素、眼药水、皮肤病用药、抗暑药品、上呼吸道感染用药、消化道用药等。③火灾伤救治物资。火灾致伤通常以烧伤为主，但烧伤不仅局限于皮肤，还会导致眼部损伤和呼吸道损伤，另外严重的烧伤还可引起烧伤性休克、胃肠道应激性溃疡、肺部感染、心功能不全、应激性糖尿病、脑水肿、血栓性静脉炎等并发症。主要治疗药物包括抗休克、抗感染、输液、解除血管和支气管痉挛、胰岛素和维生素、营养、抗应激性溃疡、激素、创面处理及杀菌消毒、烧伤敷料等药物。④化学事故伤防治物资：化学事故伤是指化学危险品由于各种原因造成众多人员的局部或全身损伤。常见的化学事故伤有刺激性气体中毒、窒息性气体中毒、有机溶剂中毒、高分子化合物中毒、农药中毒等。化学事故伤防治物资除一般急救物资外，主要是防护洗消用具、生化检验设备以及对应特定化学物质中毒的解毒药品。由于针对化学事故伤特异性解毒治疗药物较少，主要采用非特异性解毒治疗对症处理。⑤核事故伤防治药物。核事故伤包括体外辐射和体内辐射，体外辐射可引起急性放射病，体内辐射往往因误食、吸入或经伤口吸收放射性沾染的食物或尘埃，引起内照射，危害局部脏器。核损伤的防治物资主要有抗放药物、促排剂、止吐和镇静药、抗感染药物、免疫增强剂、促造血功能病、维生素类及全营养药、改善微循环药、抗排斥药、抗出血药等。此外，还有防护和洗消用具等。⑥烈性传染病防治物资。烈性传染病是指突发性、高致病性、流行性传染病，如"非典"、禽流感、O157 等，以及恐怖分子施放的生物制剂。烈性传染病防治物资除专用特效药物之外，主要是非特异的支持疗法。特效药物主要有疫苗、抗毒素、抗生素等。此外，某些器材对于有效阻断疾病流行具有重要作用。如口罩、手套、护目镜、防护隔离服等。

2. 根据卫生应急储备物资的用途划分　卫生应急物资储备按照卫生应急救援的性质主要分为常规卫生应急救援类、非常规卫生应急救援类、卫生应急救援后勤保障类三大类，救治装备、药品、传染病控制、中毒防护、核放射防护、后勤保障等六种，具体见表2-1。

表 2-1　卫生应急储备物资表

类别	用途	装备类型
常规卫生应急救援类	救治装备	**急救装备**：急救箱或背囊、除颤起搏器、输液泵、担架 ICU 等
		手术装备：手术床、手术灯、麻醉机、监护仪、自体血回输装置等
		特诊装备：B 超、X 线机、洗片机、野外诊疗床等
		消毒供应装备：高压消毒器、多人吸氧器、小型医用纯水装置、运血箱、氧气瓶等
		检验装备：显微镜、离心机、凝血分析仪、恒温水浴箱、生化分析仪、血气分析仪、检验器材补给箱等
		防疫装备：检水检毒箱、机动喷雾器、手动喷雾器
		运送装备：急救车、远程医疗会诊车、各式担架、汽车运送伤员附加装置等
	药品	主要包括抗生素、抗寄生虫药、解热镇痛药和镇痛药、麻醉及辅助药、镇静和抗过敏药、心血管系统用药、呼吸系统用药、消化系统用药、泌尿系统用药、血液系统用药、激素及内分泌药、维生素、调节水与电解质平衡药、解毒药、中药、消毒药、疫苗等
非常规卫生应急救援类	传染病控制	**个人防护**：医用防护口罩、过滤式呼吸防护器、一次性医用防护服、乳胶手套、防护鞋、鞋套等
		现场工作人员预防性药品：胸腺肽、达菲、γ- 干扰素
		现场样本采集、保存装备：便携式浮游菌采样仪、空气采集器（采样泵、收集装置）、媒介生物采样箱、运输箱、辅助包装材料、液氮罐等
		现场快速鉴定、诊断、检测装备和试剂：病原微生物检测车、生物安全柜、多功能显微镜、PCR 仪、生物安全三级移动实验室等
		消杀灭装备、药品器械：负压救护车、防疫车、洗消架、手动消毒器、超低容量喷雾器等
	中毒防护	**个人防护**：常见气体报警器、半面型呼吸防护器、防护服、防切割手套、乳胶手套等
		现场样本采集、保存装备：气体采样泵（罐）及收集装置、组织样本容器、动植物样本采集袋、采样箱等
		现场快速鉴定、诊断、检测装备和试剂：中毒鉴定检测车、气体检测仪、气相色谱 / 质谱仪、红外检测仪等
		其他：洗消及环境处理、便携式冲洗器、泄漏物控制材料、洗眼器、重伤员皮肤洗消装置等

续表

类别	用途	装备类型
非常规卫生应急救援类	核放射防护	**辐射应急检测仪器**：场所辐射监测仪、放射剂量估算软件、移动辐射检测实验室、生物显微镜等 **个人防护用具**：自读式剂量计、累积剂量计、A级防护服、半面型呼吸防护器等 **辐射应急药品箱**：雌三醇针剂、DTPA-CaNa$_3$、DTPA-ZnNa$_3$、酰胺丙二腈、二巯基丁二酸钠、磷酸铝凝胶等 **现场去污箱**：无菌蒸馏水、无菌洗眼液、无菌棉签、鼻拭子、遮蔽胶带、标记笔、软毛刷子、石蜡纱布敷料等 **生物样品采集装备**：无菌肝素抗凝真空试管、抗凝真空试管、空塑料容器（容积20~30升）等 **其他**：事故照射资料收集记录表、医学资料收集记录表、伤情及处理登记表、生物样品采样和检查指标登记表、体表放射性污染及去污记录单、辐射警示标志、分区标识、辅助资料（包括：操作手册，程序文件，患者运输报告表格，应急组织、机构和人员联系目录等）等
	后勤保障	各类帐篷、暖风机、发电机、海事卫星mini-M站、GPS（全球定位系统）等

第二节　政府医药储备现状与管理

一、法律体系

（一）政府医药储备专项规范性文件

1997年起，国务院发布了《关于改革和加强医药储备管理工作的通知》（国发〔1997〕23号），在中央统一政策、统一规划、统一组织实施的原则下，建立了中央与地方两级医药储备制度，实行动态储备、有偿调用的体制。为了进一步加强国家医药储备资金管理，1997年11月13日财政部又发布了《国家医药储备资金财务管理办法》（财工字〔1997〕448号），以确保国家医药储备资金的安全和保值。1998年药品储备主管部门由原国家医药管理局管理变为原国家经贸委和现在的国家发改委（目前是工业和信息化部），1999年国家发改委对《国家医药储备管理办法》进行了修订和完善。

（二）综合性应急法律法规

1.《突发事件应对法》　2007年，《中华人民共和国突发事件应对法》的颁布标志着我国应对突发事件应急法律体系基本形成，也是最终实现应急法制的重要前提。《突发事件应对法》是我国应急法律的基本法，确定了突发事件分为自然灾害、事故灾难、公共卫生事件和社会安全事件四大类，系统地规定了所有突发事件处理的方针和原则。

《突发事件应对法》中虽然没有专门提到药品的应急问题，但是确立了应急物资保障制度，大致如下：①国家完善重要应急物资的监管、生产、储备、调拨和紧急配送体系；②设区以上的人民政府要建立应急救援物资储备制度；③有关人民政府保证有关企业对应急物资的生产、供应，应急处置中，启用本级人民政府设置的财政预备费和储备的应急救援物资；④政府负责调集应急救援物资，必要时调用其他急需物资，政府可以向单位和个人征用财产，并事后予以补偿；⑤生产、供应应急物资的企业单位要全力保证物资的生产、供给；⑥交通运输经营部门要配合优先运送紧急救援物资;⑦实施卫生救援和医疗防护措施;⑧政府鼓励应急物资的捐赠行为;⑨必要时,有关人民政府请求其他人民政府提供有关物资的支援。

以上规定为药械这类特殊的应急物资的生产、储备、供应运输、捐赠提供了法律依据。

2. 四大类突发事件的应急法律法规 在四大类法律法规中,多部法律法规在涉及应急救援时都提到"保证救灾物资的供应和运输"以及"作好卫生防疫工作"这一原则,毫无疑问包含了"政府医药应急储备"工作。自然灾害类中,《破坏性地震应急条例》和《地质灾害防治条例》都明确提到保证药品供应;公共卫生事件类中,疫情、突发公共卫生事件的应急管理规定中都较为明确提到了药品供应的内容。

（三）药品管理法律法规和规章

政府医药储备的法律体系的第二层次为涉及药品管理问题的专项法律法规和规章,这类法律规范并非直接针对政府医药工作来作出规定,大多数是用来对药械的研发、生产、上市经营、进出口、使用以及监督管理实行常态监管的规范,但所确定的药品储备制度、药品不良反应报告与监测、快速审批、医疗机构制剂调剂、委托生产、药品进口等具体规定于应急管理于常态管理规定中,是政府医药管理体系中最具专业特性的层次。

如《药品管理法》、《药品管理法实施条例》、《疫苗流通和预防接种管理条例》、《国家医药储备管理办法》、《国家医药储备资金财务管理办法》、《药品注册管理办法》、《国家食品药品监督管理局药品特别审批程序》、《医疗机构制剂注册管理办法》、《药品进口管理办法》、《药品召回管理办法》、《进口药材管理办法（试行）》、《药品流通监督管理办法》、《蛋白同化制剂、肽类激素进出口管理办法（暂行）》、《医疗器械注册管理办法》、《药品不良反应报告和监测管理办法》、《医疗器械临床试验规定》、《医疗器械新产品审批规定》（试行）等,均不同程度地涉及突发情况下的药品管理应急规定,尤其是针对药品储备和特别审批程序制定了专项规章。

（四）应急预案体系

1. 国家总体应急预案 《国家突发公共事件总体应急预案》规定了应急保障的总原则:各有关部门要按照职责分工和相关预案作好突发公共事件的应对工作,同时根据总体预案切实作好应对突发公共事件的人力、物力、财力、交通运输、医疗卫生及通信保障等工作,保证应急救援工作的需要和灾区群众的基本生活,以及恢复重建工作的顺利进行。

2. 国家专项应急预案 国家专项应急预案国务院及其有关部门为应对某一类型或某几种类型突发公共事件而制定的应急预案。在《国家突发公共事件医疗卫生救援应急预案》中,明确了政府医药储备的组织开展工作。

3. 国务院部门应急预案 是国务院有关部门根据总体应急预案、专项应急预案和部门职责为应对突发公共事件制定的预案,如国家食品药品监督管理局组织制定了《药品和医疗器械突发性群体不良事件应急预案》、国家发展改革委制定的《国家医药储备应急预案》、原卫生部制定的《人感染高致病性禽流感应急预案》。

4. 地方应急预案 具体包括:省级人民政府的突发公共事件总体应急预案（31 部）、专项应急预案和部门应急预案;各市（地）、县（市）人民政府及其基层政权组织的突发公共事件应急预案。

（五）与政府医药相关的其他规范性文件

2006 年,国务院发布了《关于全面加强应急管理工作的意见》,对贯彻落实《总体预案》

提出了明确的目标、要求和一系列具体的政策措施。《意见》的实施，对全面加强应急管理工作，提高预防和处置突发公共事件能力，具有重要的指导意义。全面作好应急管理工作涉及很多部门，由此各部门形成的规范性文件和工作文件也是构成了一个庞大的体系。

二、管理现状

（一）政府医药储备的原则

1. 服从安全需要，兼顾经济利益 物资储备的根本目的是为了满足在紧急情况下救援保障的需要，可以适当兼顾储备的经济效益。

2. 足量够用，符合国情 储备物资的数量应能够满足突发事件救援保障的需要。通常是重要物资多储，一般物资少储；消耗量大的物资多储，消耗量小的物资少储；不易筹措的物资多储，易于筹措的物资少储或不储。

3. 种类齐全，突出重点 物资储备的规模，依各国的具体情况和经济能力而定。各级的物资储备种类和数量，主要根据各自担负的任务、人员和装备的编成、保障特点和持续的时间、可能消耗的物资数量或消耗限额以及供应的难易等因素而定。

4. 梯次配置，重点部署 要根据国家统一的部署，结合各地区的具体情况和交通条件、运输能力以及当地的资源等情况确定。要有利于交通运输，应充分考虑道路、运输工具等问题，尽可能设置在交通便利、道路畅通、能够使用多种运输方式的地方。

（二）政府医药储备的标准

制定科学的储备目录和标准，本着节约资源，提高效率、有效应对的方针，按照统一规划、分级储备的原则，制定国家、省、地（市）、县四级物资储备目录和标准。以国家储备为重点，地方储备作为补充和支持，区、县级储备主要应对日常应急工作。制定卫生应急物资储备目录应该考虑：

1. 过去发生的突发公共卫生事件。
2. 存在的危险因素，例如，生产有毒有害化学品的工厂数量、发病率较高的传染病。
3. 可能危及的最大人群数和社区人口规模。
4. 现有的物资种类和市场供应情况。
5. 技术人员队伍现状。
6. 政府的财政预算。

在制定卫生应急物资储备目录时，应结合本地区传染病的特点、活动规模、参加人员等因素综合考虑，适当增加生物恐怖、核和辐射事件、境外可能传入疾病的检测试剂、诊断试剂、疫苗，以及相关仪器设备的储备。

（三）我国医药储备工作进展

1. 储备体系 我国国家医药储备由中央与省、自治区、直辖市（以下简称地方）两级储备组成，实行分级负责的管理体制。中央医药储备主要负责储备特别重大和重大突发公共卫生事件、自然灾害、事故灾难和社会安全事件所需的医药用品；地方医药储备主要负责储备较大和一般突发公共卫生事件、自然灾害、事故灾难和社会安全事件所需的医药用品。工信部是国家医药储备主管部门，负责管理中央医药储备和指导地方医药储备工作；财政部负责安排中央医药储备资金，实施管理监督；原卫生部负责提出中央医药储备的品种和数量建议。地方医药储备主管部门、财政部门、卫生部门负责本行政区域内的医药储备管理的相关工作。

2. **管理机构**　根据《国家突发公共事件总体应急预案》和《突发事件应对法》，我国的医药储备管理基本形成了"统一领导、综合协调、分级负责、属地管理为主"的应急管理体制。中央储备主要由工信部及财政部按计划管理，在地方一级各地主管部门存在一定差异。一般实行由政府相关部门组成的医药储备联席小组领导的体制，牵头部门多为各省市区经贸委（或经委），北京市、海南省为食品药品监督管理部门。

承储单位应主要是医药行业的重点骨干企业或省级以上医疗卫生事业单位，要求企业管理水平高，诚信和经济效益好，仓储、配送等设施比较完善，以国有大型医药企业为主。

3. **品种数量**　国家医药储备实行严格的计划管理。根据原卫生部提出的储备品种和数量建议，按照实际需要和适当留有余地的原则，由工信部、财政部编制下达中央医药储备计划。地方医药储备计划，参考中央医药储备计划并结合当地实际情况制定，同时报工信部、财政部备案。医药储备管理部门会同财政部门根据突发事件的变化，适时调整。承储单位不得擅自改变计划，但可根据实际情况提出调整意见，经批准后执行。

4. **储备形式**　国家医药储备实行动态储备。在保证按储备计划所签订医药用品品种、数量、质量的前提下，承储单位要根据具体医药用品的效期及质量要求，负责对所储备医药用品进行适时轮换，进行保值轮储。按《国家医药储备管理办法》的规定，70% 的医药储备须以实物形式库存。据调查，目前多数省市采用的是实物储备和资金储备两种形式，部分省市正在探索研究生产能力储备。

5. **资金管理**　1997 年，国务院国发[1997]23 号文件确定中央（5.5 亿元）和地方（6.5 亿元）共计 12 亿元的储备规模。但是，实际储备规模与理论规模相差较远。一方面，由于 1997 年以来药品储存过程中的自然损耗等原因，实际储备规模大大缩小。另一方面，近几年来随着地方政府的重视和支持，加之相应增加一些专项储备任务，不少省市都在增大地方医药储备的资金规模。

我国的医药储备资金分为中央医药储备资金和地方医药储备资金。其中，中央医药储备资金的主要来源有：①中央财政拨款（包括以前年度拨入的医药储备资金）；②银行专项贷款；③国内外有关单位的捐款及其他资金。在地方一级储备中，部分省市储备资金来自于财政拨款，还有部分省市来自于银行专项贷款。国家医药储备所需资金分别由中央和地方财政部门负责落实，纳入财政预算，为专项资金，专款专用，目前我国的医药储备资金投入的方式为财政直接拨款。另外，医药储备实行品种控制、总量平衡、动态管理、有偿调用，以保证储备资金的安全、保值和有效使用。

6. **储备信息**　我国 2007 年初建立了储备信息联网制度，此网为保密网络，主要为每周五由中央承储单位向医药储备主管部门报送储备数据。但是各省市区医药储备之间没有横向关系，全国也尚未联网。

三、应急调用

（一）调用审批权限

根据《国家医药储备应急预案》的相关规定，中央医药储备主要应对重大和特别重大规模自然灾害、事故灾难、公共卫生事件和社会安全事件，地方医药储备主要应对一般和较大规模自然灾害、事故灾难、公共卫生事件和社会安全事件。

各地发生一般和较大规模自然灾害、事故灾难、公共卫生事件和社会安全事件，原则上由本省市医药储备负责保障供应；发生重大和特别重大自然灾害、事故灾难、公共卫生事件和社会安全事件时，首先调用本地医药储备，不足部分请求相邻地方储备支援，仍难满足时，申请调用中央医药储备供应。需要调用中央医药储备时，由省级人民政府或其指定职能部门向工信部提出申请，工信部审核批准后下达调用通知单，由承储单位负责调运，并作好与接收单位的具体交接。如遇紧急情况，可先调运，后补办手续。

国家医药储备实行有偿调拨原则，申请调用政府医药储备的单位必须及时将货款支付给调出单位，不得拖延、拒付。

（二）储备物资出入库管理

遇有突发事件发生后，首先须界定突发事件的风险级别，启动相应保障预案，履行各级调用程序。

储备仓库应当按照上级主管机构的调拨单，开具物资"出库通知单"；保管人员根据指令，及时准确配发物资。特殊情况下，储备仓库可根据上级主管机构的指示，先发出物资，3日内补办手续。因故不能按时发出物资时，应当及时报告上级主管机构。

物资发出应当遵循先进先出、发陈储新、发零存整、发近（期）存远（期）的原则配发物资。物资附带的检验证书、装箱清单、使用说明书、线路图等资料，以及零配件、修理工具等物品必须随实物一起发出，不得扣留。大型、贵重卫生应急装备或有效期物资发出时，应在调拨单或装箱清单上注明机号、生产企业、生产日期或有效期。调用出库的卫生应急物资使用后，对可重复使用的，负责回收和维护保养；对已消耗或不可回收的，应填写耗损管理相关记录并说明情况，报上级主管机构批准后作耗损处理。

（三）合理安排储备布局

建立突发事件卫生应急物资的储备机制，目的是保证有充足的物资储备，确保发生突发公共卫生事件时及时高效供应，有效应对各种紧急情况，将各种突发事件造成的危害降低到最低限度。根据储备物品种类、需求量、可保存的性能特点，分为实物、资金、生产能力储备三种形式进行储备。我国地域广阔，各地易发突发事件不尽相同，当发生重大传染病疫情、食物中毒、自然灾害等突发事件时，从国家得到的援助至少要在事发后的1～2天才能到达。因此，应采用中央与地方分级储备，以地方储备为主，中央储备为辅。为了便于调用和管理，可以根据突发事件的发生、发展的自身规律，从全国的角度来统一规划，合理布局，统一编制各层面应急物资储备的名类目录，建立以省、市级储备为主，国家战略储备为辅的储备机制，同时，依托生产或经营性企业及大型医疗机构建立医疗救治的动态循环应急药械代储机制。在中央或地方储备库或储备点，应当确立专门的储备物资管理机构或人员，加强对应急储备物资储存保管工作的组织领导，建立健全规章制度，改善储存条件，配备相应的保管、检测和装卸搬运等配套设备，制定规范的仓储管理制度。定期采取送学培训、单位轮训和岗位练兵相结合的方式对应急储备物资保管人员开展专业培训，提高保管人员的业务素质和管理能力。

四、国外医药储备概况

目前，国外普遍认为应急处理物资储备是突发公共事件应急体系建设的一个重要组成部分，大多数国家突发公共事件医疗救援物资的储备可以概括为"统一规划，分级储备"，也就是根据突发事件的发生、发展的自身规律，从全国的角度来对物资储备进行统一规划，合理布局。同时，由于各类突发公共事件具有不同的特点，需要的具体物资储备也有所不同，而且，国家的救援物资到达事故发生地的时间总会有一定的延迟，所以救援物资要实行中央与地方分级储备，以地方储备为主，中央储备为辅。

下面以美国为例介绍国外突发公共事件医疗救援物资的储备机制。

美国的公共卫生体系是一个纵向以"国家—州—地方"三级公共卫生部门为基本框架，横向包括公共卫生、突发事件管理、执法、医疗服务和第一现场应对人员等在内的多维度、多领域的综合、联动、协助系统。医药储备主要是应对可能发生危及公众安全或健康的突发事件，如流感暴发、地震、工业袭击、生物或化学恐怖袭击。

医疗救援物资采取各州为主，联邦为辅的原则。联邦方面，国会于 1999 年责成卫生和福利部以及疾病预防控制中心共同制定联邦药品储备计划，目的是在有突发公共事件时，在 12 小时之内给事故发生地区供给急救药品和器材。2002 年的《本土安全法案》规定由国土安全部确定国家战略储备计划的目标及实施要求，也负责相应事务的管理。到 2003 年 3 月 1 日，联邦药品储备计划也一并归入国家战略储备计划，由国土安全部和卫生 & 福利部联合管理，资金由政府拨付。而在《生物盾牌法案》制定之后，改由卫生和福利部单独对国家战略储备进行监察和指导。地方和州级政府方面，平时根据自身具体情况储备救援物资，在有突发公共事件时，首先自行处理，而只有当该突发公共事件超出应对能力的时候，才请求联邦援助。一般是由地方政府向州政府报告，州评估后即刻向国土安全部或国家疾病预防控制中心（CDC）提出动用储备的要求，国土安全部、原卫生部等部门评估后迅速确定一个行动方案。决定动用储备后，由国家疾病预防控制中心具体组织配送国家医药储备。无论何时何地发生的突发事件，都能为州和地方公共卫生机构供给和再供给医药用品。医疗物资主要包括抗生素、化学解毒素、抗毒素、疫苗、个体防护装备、生命支持医疗设备、静脉给药设备、呼吸维持设备、其他便携式医疗设备和手术用品等，这些物资免费向公众发放，而在灾害事件处理完毕之后，所有剩余物品均要收回。

美国医药储备的调用有两种方式，一种是由专人负责，储存在固定地点的医药用品。它把医药用品、解毒剂和医疗器械等组装成重达 50 吨的救援包，其中包含有 130 个储备容器，随时准备在接到指令后的 12 小时内分发到指定地点，国家医药物资储备抵达指定的接收和存储地点后，国土安全部将其移交给州或地方当局，由州和地方当局再进行分发；在药品发送的同时，一个 CDC 技术顾问反应队也同时派往现场，协作地方当局接收、分发、组装药品。另一种就是利用商业运作模式，由生产或经营厂家管理和维持，需要时以电子订单通知固定或不固定厂家，一般要求厂家在 24 小时或 36 小时送达指定地点。医药储备资金由政府拨付。为保证储备用品有效，定期核销，及时更新。自"9·11"和发生"炭疽热"后，美国的医药储备预算从 5000 万美元提高至 6 亿美元。

在确定国家战略储备中物资的种类和数量时，有多个考虑因素，如最可能遭到的生物和（或）化学袭击种类、物资是否容易取得、物资是否容易分发等，但其中最重要的因素是公共卫生系统有哪些薄弱环节以及这些环节在有事件发生时需要怎样进行弥补。一般来讲，国家战略储备中的医用物资包括至少 84 种药品 / 器材，有各种抗生素、化学解毒剂、抗毒素、救命药物、伤员通气装备和各式外科急救器材等。这些物资都被储藏在联邦境内 12 个（2002 年以前为 8 个）备用药品存放仓库内，这 12 个存放场遍布于美国各地，使得在国内任何地方突发公共事件时，都可在 12 小时内获得这些物资。为保证储备用品有效，每季度都进行质量检查，定期核销，及时更新，每年还进行一次环境及保安检查。

具体物资储备时，实行实物、生产能力储备相结合的原则。美国应急物资的储备有两种方式：一种是由专人负责，储存在上述的备用药品存放仓库，随时准备在接到指令后进行运输，抵达指定的接收和存储地点后，由国土安全部将其移交给州或地方当局，州和地方当局再根据需要进行分发。另一种方式是平时储备少量成品，适当储备生产能力和技术资料，对平时消耗量少、不宜储存管理、事件发生时需要量又大的物资，采取此办法。也就是利用商业运作模式，由生产或经营厂家管理和维持，需要时以电子订单通知固定或不固定厂家，一般要求厂家在 24 小时或 36 小时将物资送达指定地点。

第三节　政府医药储备问题分析与对策建议

一、问题分析

（一）医药储备法律法规亟待完善

目前我国还没有形成完善的医药储备管理方面的法律法规体系，储备管理工作缺少法律依据，不能做到依法行政。

（二）现行医药储备制度有待完善

医药储备品种是完成医药储备任务的物质基础，品种的对路、齐全、数量保证供应是实现医药储备及时有效的关键。我国现行医药储备制度还存在很多缺陷，包括：

1. 储备形式单一，主要是流通企业的实物储备，难以满足突发事件发生时对应急药品的需求。

2. 未能建立医药储备品种的动态完善机制，无法适应突发事件的不确定性特点，以实现针对性地药品供应。

3. 各地方储备药品目录缺乏协调标准，导致发生紧急需求时目录结构不甚匹配。

（三）历史原因造成部分储备药品流失

随着国家经济体制由计划经济向市场经济体制的转变，国家医药储备管理也由一级储备、静态管理，无偿调用过渡到二级储备、动态管理，有偿调用的制度。在市场的发展以及制度的转变过程中，形成了医药储备失控的问题。

（四）环境变化导致医药储备困难

近年来，药品降价、招标采购、基本药物制度等政策环境的变化，以及销售模式、市场价格波动、产品更新换代等市场环境的变化，造成卫生应急物资的轮储困难。例如承储单位在招标采购中未中标，销售代理资格的变更等都会造成"轮储链"断裂；持续的药品降价和中药材等原料价格的上涨，使承储企业的资金风险加大；医疗器械的快速更新换代，使储备商品无法及时轮换。这些因素严重影响承储单位的积极性。

（五）储备品种目录不适应当前需求

医药储备的品种和数量是完成储备任务的物质基础，品种的全面、有针对性，数量的充足、合适是实现医药储备及时有效的关键。但是，由于我国两级医药储备中的多数储备目录没有建立医药储备品种的定期、不定期修订机制，编制后长期不变，缺乏动态调整机制，使目前目录中的品种和数量规定已经不能满足当前的需求。随着科技的发展，原有的品种已不适应医药临床疾病谱呈现出的多样性、复杂性，不能及时替换老品种，影响了治疗效果。另一方面，由于医药市场的变化，部分储备品种由于原料、供需、销售策略等原因，已退出市场，这部分品种如不进行适时调整，将会造成无法按照储备目录储备药品的局面。

（六）特殊药品采购困难，储备不足

一些特殊品种采购困难，难以落实储备计划。一些临床急救必需的、用量少、利润低的品种，企业不愿意生产；部分产品更新换代，生产企业已经不生产；市场紧俏产品，如血液制品，平时轮换采购十分困难，一旦过期又缺乏全国统一的报损、核销机制。

（七）医药储备资源布局不合理

目前承担医药储备的企业相对分散，除中国医药集团总公司外，其他企业承担的储备品种和数量较少，且部分品种企业间重复储备。这样就使得医药储备无法充分利用国有大型企业的流通主渠道和强大的医药物流配送能力，无法发挥规模效应降低仓储等成本费用，也给医药储备的管理造成了困难。在中央和地方分级储备的制度设计下，各储备单位的品种重复率很高，不利于提高储备效率。

（八）医药基础设施相对落后

近年来随着承储企业的自身建设，医药储备的基础设施得到了加强，但信息沟通系统和应急设施还有待提高。许多救灾物资储备数据库和灾害数据库处于单机、封闭状态，缺乏救援物资的生产厂商、名称目录、货物类型、可供数量、运输路线等信息系统数据库，不同地区及部门采用不同的技术体制，互通互联比较困难，难以实现对突发公共事件的快速反应。

二、对策建议

当前，我国正处于突发事件的多发时期，应对突发事件的任务十分艰巨。加强医药储备管理，完善医药储备体系建设，提高医药储备的应急能力，对于提高我国应对突发事件的预防和处置能力，预防和减少突发事件产生的危害，切实维护广大人民群众的生命财产安全，维护国家安全和社会稳定，促进经济社会全面、协调、可持续发展，具有十分重要的意义。

（一）加强制度建设，强化政府管理职能

1. 尽快制定《国家医药储备管理条例》 依据《中华人民共和国药品管理法》的有关规定，结合出台的新医改方案以及实际情况对现行的国家医药储备管理办法做进一步修订完善，提升为《国家医药储备管理条例》，并制定配套的实施办法或实施细则，明确各级管理部门和承储单位的权利和责任，制定统一的上报程序，统一的统计报表和格式，统一的信息传递通道，统一的损失核销程序，统一的品种调整制度等。一是便于承储单位开展储备工作，二是便于储备管理部门协调政府其他职能部门，三是便于储备管理部门监督、检查和指导储备工作，做到依法监督和依法行政。

2. 成立专家咨询委员会 成立医药储备工作专家咨询委员会，其成员主要由有关方面专家以及卫生、财政、医药行业以及承储单位等相关单位部门专业人员组成，主要任务是：

（1）对医药储备政策、规划的制定提出咨询和建议。

（2）协助医药储备管理部门编制和修订医药储备应急预案。

（3）参与制订及修订本级医药储备品种目录。

（4）协助医药储备工作的技术指导。

（5）承担医药储备管理机构交办的其他工作。

（二）完善医药储备动态管理

根据应对突发事件的需要，参照《国家基本药物目录》和《国家基本医疗保险和工伤保险药品目录》，选择疗效确切、质优价廉、使用面广、生产仓储运输较为便利的医药用品制定储备品种计划，并实施科学合理的动态管理。

1. 建立储备品种基本目录 基本医药储备品种目录分为两类：

（1）常规品种：指常规抢救治疗和防疫的必备品种。如常用抗感染药、大输液、外科急救手术器械、一般消毒杀菌用品、常见地方性疾病用药等。

（2）特殊品种：指针对突发事件和特殊用途的品种，如重大传染性疾病（非典、禽流感等）、罕见人畜共患疾病、中毒事件、辐射伤害、生物化学反恐等所需的应急品种，以及有特殊作用的消杀、防护用品等。

2. 合理确定储备数量规模 确定储备数量规模要考虑以下几个因素：

（1）历史因素：要在全面总结历史上国内国际所发生的重大灾情、疫情、突发事件对医药储备的需要的基础上对储备规模进行确定；

（2）科学因素：在依靠科学进步对可预见之将来有可能暴发的重大灾情、疫情、突发事件的概率、强度、作用范围、影响人口等因素做出预测的基础上进行确定；

（3）社会因素：要切实贯彻科学发展观，按照与科学技术发展相协调、与社会经济水平增强相协调、与医疗保障能力进步相协调、与人民群众需求提升相协调的"四协调"原则进行确定。

（4）行业因素：在深入调研医药行业发展的基础上，结合医药企业的生产经营状况进行确定。

3. 实施有效的动态储备 要继续坚持储备医药用品适时轮换，动态管理的有效做法，同时对医药储备品种目录也进行适时调整，实行动态管理，基本医药储备品种目录和数量要根据突发事件变化的实际和科技进步、社会发展、行业发展情况，进行定期或不定期的调整，准予承储单位对在不影响整个储备计划的前提下，对部分品种根据治疗效果和市场情况进行替换，并报储备主管部门备案。更好地适应突发事件的需要。

品种调整要有预见性和针对性，并同医药企业的生产经营相结合。如现阶段临床抗感染领域出现了新的变化，储备品种目录应及时调整，适当减少普通抗生素的储存品种数量，相应增加抗病毒和抗真菌类品种数量。数量调整要针对不同时期、不同地区、不同季节的影响，及时调整某些品种的数量比例，如洪涝灾害期，适当加大防疫、肠道疾病治疗和水质消毒等品种的储备比例。

（三）实行多种储备形式，提高应对突发事件的针对性和有效性

根据应对突发事件的需要，医药储备实行实物储备、资金储备、能力储备、信息储备等多种储备形式，以实物储备为主，资金储备、能力储备、信息储备为辅，提高应对突发事件的针对性和有效性。

1. 实物储备 实物储备是医药储备的基础。基本医药储备目录内的品种都应当安排必要的实物储备。保证突发事件发生时，在第一时间抗击第一冲击波的需要。

2. 资金储备 资金储备是医药储备的重要形式，在突发事件发生时，能及时保证储备品种目录外，医药用品的采购和供应；随着突发事件的发展，满足对医药用品数量持续增长

的需求。实践证明,应加大资金储备在整个医药储备中的比例。

3. 能力储备　能力储备主要包括针对应急必需、不常用、不宜储存、用量不确定的品种以及占压资金比较大、更新换代比较快的医疗器械,如某些专属特效药品、解毒药品、疫苗等生物制品,大型医疗设备等。能力储备分为制剂能力储备、原料药能力储备、特殊中间体能力储备、医疗器械能力储备、中药材能力储备等,以原料药能力储备为主。

医药储备管理部门或承储单位要与能力储备生产企业签订合同,生产企业要必须保持一定原辅料的库存量,保证在重大突发事件发生时,及时、优先生产满足供应。对于疫苗、廉价特效急救药品(如氯霉素针、磺胺嘧啶钠、硫酸钠针等)的储备,应考虑生产设备和价格的特殊性,由国家投入设备、生产和研发资金,企业支付日常设备维护费用,解决特殊品种的生产能力建设和储备问题。

除实物、资金和能力储备外,应考虑建立信息储备,对药品生产厂家进行行业普查,建立数据库,并加强国内国际间的交流,在实物储备和能力储备不能满足突发事件需要时,启动信息和资金储备,组织采购,满足应急需要。

(四)加大财政投入,保障资金需求

在现有医药储备规模的基础上,科学测算国家医药储备的合理规模,加大储备资金投入,保证国家医药储备达到合理的规模。同时,完善储备资金投入、使用和补偿机制,确保国家医药储备规模适应应对突发事件的需要。

1. 继续实行储备资金财政预算制　根据《中华人民共和国突发事件应对法》的相关规定精神,国家医药储备资金应当分别列入每年的中央和地方财政预算。根据医药储备的实物储备、资金储备、能力储备的不同形式,医药储备资金可以采取全额拨款或贷款全额贴息方式。

2. 坚持执行储备资金的决算制度　为保证国家医药储备资金的安全,确保发生突发事件时医药用品的及时供应,根据现行的医药储备有关法规文件精神,进一步完善医药储备资金年终决算制度。自 2004 年起中央医药储备已实行年终决算制度,决算报表编报范围包括各级医药储备单位。决算报表内容包括医药储备资金年初情况表、医药储备资金增减情况表、医药储备资金年末情况表和医药储备情况明细表四张表格组成。

3. 建立医药储备补偿机制　在市场经济条件下,承储单位的正当权益应得到保障,因承担储备任务而造成的合理损失应予经济补偿。对于无法轮换特殊储备品种,政府降价、集中招标等政策性因素造成损失的储备资金予以核销。在应急状态下按照政府指令采购医药用品造成损失的以及能力储备正常维护费用等应予以补偿。

对全国现有储备资金进行一次全面清理,对 2003 年以前形成的国家经济体制由计划经济向市场经济,国家医药储备管理由一级储备、静态管理,无偿调用到二级储备、动态管理,有偿调用的转变过程中形成的历史资金问题。由承储单位提出申请,经财政部门专员办核实后,报医药储备管理部门和财政部门批准核销,并补充相应的储备资金。

探索建立储备商品的折价处理和定期调拨机制,提高储备商品的利用度,减少储备商品的损失。减轻财政压力。

4. 增加财政专项投入,加强储备基础工作　为进一步作好医药储备管理工作,急需加强医药储备专门管理机构和承储单位的储备基础建设,以保证发生突发事件时,做到信息畅通、响应迅速、调运及时。建议国家每年从财政列支专项费用,用于:①医药储备日常管理经费；②医药储备信息系统建设和运行费用；③储备单位仓储、运输条件的改善费用；④针对突发事件所需特殊品种的技术开发费用。

（五）加强医药承储单位体系建设

承担医药储备任务是一项光荣的社会责任。随着社会主义市场经济体制的建立和完善，医药产业集中度逐渐提高，医药储备应对突发事件范围逐渐扩大。根据新形势的需要，要健全以全国性国有大型医药流通企业为主，同生产企业、医疗单位相结合的新型的承储单位体系。此举不仅有利于医药储备的管理，还有益于医药储备商品的安全，做到及时有效供应。

进一步完善承担医药储备企业的选择条件，根据企业经营规模、管理水平、仓储条件、配送能力、信用等级及经济效益等情况择优选定行业骨干医药企业和医疗单位承担储备任务。承担医药储备任务单位的选择原则上通过招标选定。整合现有医药储备资源，向具有现代物流配送能力的优势企业集中。

（六）完善国家医药储备管理信息系统

完善国家医药储备管理信息系统是实现医药储备管理现代化的必要手段，是实施科学决策的重要依据，是实现突发事件应急资源共享、快速反应、系统联动的基本保障。

国家医药储备管理信息系统应当具有医药储备及相关信息的搜集、整理、分析、信息发布及日常管理等功能，利用信息管理系统可实现横向与中央各有关职能部门、纵向与医药储备管理单位进行实时沟通。承储单位要加强信息化建设，建立储备品种的实时监测，为全国联网奠定基础，使储备医药用品能够做到实时监控和全国资源共享。同时建立健全医药储备品种数据库，为专家遴选基本医药储备品种目录提供基础依据，使品种管理体系更为科学合理；通过信息化使医药储备日常管理工作高效运转；同时，为实现突发事件应急资源共享、快速反应、系统联动提供技术保障。

第四节　医疗机构应急物资储备

医疗机构应急物资储备是物资供应的关键环节，储备的合理性与科学性，直接影响着医疗机构物资供应的工作效率、经济效益以及医疗效果。储备的合理性是需求、价格、管理水平等多方面的综合反映，必须全盘考虑。

一、合理确定储备规模

确定医疗机构合理的储备限量，是储备管理的中心环节。但储备的合理性不仅仅决定于储备量的大小，还涉及批采购量和采购次数。因此，储备的概念也应当包括库存、批采购量的内容。

（一）储备合理性的衡量标准

衡量储备是否合理，首先要有个先决条件，就是必须保障供应，把断货的机会降到最小的程序，在这个前提下，要坚持以下几个观点。

1. 效率观点　就是如何使药品供应节省人力，提高效率，防止忙乱。从这个观点出发组织储备，应当是储备最大，批采购量就大，采购的频率就低，节省人力工作效率相对就高；储备量小，批采购量就小，采购的频率就高，浪费人力，工作效率相对就低。

2. 奖金周转观点 从这个观点出发,储备量小,占用资金少,资金周转快,经济效益就高;储备量大,占用资金多,资金周转慢,经济效益就低。

3. 成本核算观点 在药品储备中有两个方面的成本。一是储备成本,指储备药品占有资金、保管费、损失费等;二是采购成本,包括人工费、运输费、办公费等。二者的关系是:在需要量一定的情况下,储备量(批采购量)大,储备成本高,采购成本低;反之则储备成本低,采购成本高。

综合上述三个方面,最合理、最科学的药品储备,就应当是最高的工作效率、最快的资金周转、最低的储备成本。

(二)影响储备的因素

影响储备的因素是多方面的,主要应注意以下几个关系。

1. 消耗与储备的因素 消耗与储备的关系是储备保障消耗,消耗指导储备。根据这个道理,可以得出两个结论:一是消耗量大储备量就应当大,消耗量小储备量就应当小。二是不同时期内消耗量变化小,有些变化也是因季节等原因,有规律地平稳地上升或下降,这类药储备的高低限量比差可以大一些,以减少采购次数;而对于不同时期内消耗量变化大,呈间断性或突击性消耗的药品,高低限量的比差可以小一些,以防突击性消耗造成断货。

2. 价格与储备的关系 药品价格低,占用资金少,储备量可以大一些;药品价格高,占用资金相对就多,储备量就应小一些。

3. 临床效果与储备的关系 对于临床上最常用的基本物资,储备量应大一些,以保证基本的医疗需要;对不常用的次选物资,储备量可以小一些,以减少资金占用。

4. 经济来源与储备的关系 不同的经济来源应采取不同的储备方案。当前,我国医疗机构的经济来源基本上可以分为两种类型:一是经费有固定指标,如部队医疗机构和部分企业内部医疗机构。这类医疗机构由于经费指标固定,用完为止,无周转意义,储备可以相对大一些;二是无固定经费指标,全部计价收费,如省、市、县等各级的人民医疗机构以及私立医疗机构。这类医疗机构由于药品储备影响资金周转,储备量应相对小一些。

二、优化储备方案设计

(一)优化任务方案的设计理念

在药品储备中,高效率、快周转、低成本之间是互相矛盾的,为了恰当地处理好这些矛盾,在储备方案的总体设计中,应认真分析消耗与储备、价格与储备等各方面关系,以期从多因素中找到一最佳平衡点,意大利经济学家帕累托(Vilfredo Pareto)和管理学家戴克(H. F. Dickie)分别提出 20/80 和 ABC 储备管理法则,其中心内容是:区分主次,分类管理。

在正常医疗工作中,临床用药多是分梯次进行的,药品供应亦应分梯次进行。一线药,即作为一线供应的品种。确定条件的是临床首选,价格便宜,货源充足。这类药应当是必备药品,充足供应。二线药,即作为二线供应的品种。确定条件是临床次选,价格较贵,货源较为紧张的品种。这类药应当重点保障,计划供应。三线药,即作为三线供应的品种。确定条件是特殊药、保健药及价格昂贵、货源奇缺的品种。这类药主要供应特殊病患者或抢救患者使用。根据以上储备管理法则,一线药品种多,但占用经费较少,多储备一些对资金周转影响不大,但可减少采购次数,有利于提高工作效率,二、三线药,特别是三线药虽然品种少,但占用经费多,应当减少储备,保证资金周转,提高资金周转率。也就是说,加大一线药品的批采购量,降低总体采购次数,以获得最高的工作效率、最低的采购成本;减小二、三线药品的批采购量,增加采购次数,以获得高频率的资金周转,降低总体储备成本。这样,既可保障药品供应,又可获得最佳的工作效率和经济效益。

（二）储备方案设计

以我国一般规模三级医疗机构为例,常规供应品种约为 650 种,按 ABC 分类法,测算出一线药为总品种数的 70%,即 455 种;二线药为 20%,即 130 种;三线药为 10%,即 65 种。再按 ABC 分类的基本规律,算出一线药占总消耗金额的 30%;二线药占 20%;三线药占 50%。以上述条件为前提设计优化储备方案,储备方案分析见表2-2。

表2-2 医疗机构药品储备轮换周期表

库存量/月	供应梯次	品种数	占品种总数比/%	年周转次数	年周转品种次	每月采购品种数	占经费比例/%	月采购品种总数
1	1线	455	70	12	5460	455	2.5	
	2线	130	20	12	1560	130	1.2	650
	3线	65	10	12	780	65	4.2	
2	1线	455	70	6	2730	228	5.0	
	2线	130	20	6	780	65	2.3	326
	3线	65	10	6	390	33	8.3	
3	1线	455	70	4	1820	152	7.5	
	2线	130	20	4	520	43	5.0	217
	3线	65	10	4	260	22	12.5	
4	1线	455	70	3	1365	114	10.1	
	2线	130	20	3	390	33	6.7	164
	3线	65	10	3	195	17	16.7	
5	1线	455	70	2.4	1092	91	12.5	
	2线	130	20	2.4	312	26	8.3	130
	3线	65	10	2.4	156	13	20.8	
6	1线	455	10	2	910	76	15.0	
	2线	130	20	2	260	22	10.0	109
	3线	65	10	2	130	11	25.0	
7	1线	455	70	1.7	780	65	17.5	
	2线	130	20	1.7	221	18	11.7	92
	3线	65	10	1.7	111	9	29.2	
8	1线	455	70	1.5	683	57	20.0	
	2线	130	20	1.5	195	16	13.3	81
	3线	65	10	1.5	98	8	33.3	
9	1线	455	70	1.3	607	51	22.5	
	2线	130	20	1.3	169	14	15.0	70
	3线	65	10	1.3	85	7	37.5	

续表

库存量/月	供应梯次	品种数	占品种总数比/%	年周转次数	年周转品种次	每月采购品种数	占经费比例/%	月采购品种总数
10	1线	455	70	1.2	546	46	25.0	
	2线	130	20	1.2	156	13	16.6	66
	3线	65	10	1.2	78	7	41.7	
11	1线	455	70	1.1	501	42	27.5	
	2线	130	20	1.1	143	12	18.3	60
	3线	65	10	1.1	72	6	45.8	
12	1线	455	70	1	455	38	30	
	2线	130	20	1	130	11	20	54
	3线	65	10	1	65	5	50	

如果所有药品都储备1个月量，那么每种药每年周转12次，650种共周转7800品种次，每月采购650种。如此采购量很大，相对来说采购效率最低，采购成本最高。相反如果每种药品都储备12个月的量，那么，每月采购54种，如此采购量很小，采购效率相对最高，采购成本最低，但每年资金周转1次，资金周转太慢，效益太低。

从上表还可以看出，三线药品种少，对采购效率影响因素最小，而占用资金最多，对资金周转影响最大。因此，对三线药应选择最小储备量、最大的周转率，取储备限额为1个月，也就是每年周转12次，65种药共周转780品种次，每月采购65种。如果选择一、二线药的年周转率品种次和月采购品种数与三线药相当的值，就可以发现，三线药储备1个月量与二线药储备2个月量，一线药储备7个月量是相等的，三类药每月采购65种，共195种。采购品种数相当于供应品种的1/3。

从采购效率角度看：70%的品种要购1.7次，20%的品种采购6次，10%的品种采购12次，平均周转3.6次，应当说是采购频率的优化值。从资金周转的效益来看：50%的资金周转12次，20%的资金周转6次，30%的资金周转1.7次，平均周转7.7次，资金周转是比较优化的。因此，推荐活动性储备一线药7个月量，二线药2个月量，三线药1个月量，可作为储备限额确定的优化值。

（三）优化储备方案的确定

以上述方法确定的优化储备方案，虽然储备量大，资金周转较慢，但对于现行的先收货后付款的付款方式是比较合适的。如减少药品过期报损、降价造成的损失以及提高资金周转率，可将一线药储备量定为3个月量，以克服该方案储备量大、资金周转较慢的缺点。

目前，我国医疗机构药品的购入一般采用先收货后付款的付款方式，货款在货用完后的1至6个月才支付。因此，医疗机构药品周转时间如果小于货款支付时间，在一定（资金）意义上即可以认为零储备。零储备的优点有：①减少因储备量大而占用较多资金的现象；②优化应收与应付账款的结构，加快资金周转速度；③降低储备管理成本；④规避市场变化所带来的产品积压和药品失效的风险，零储备的前提是相对稳定、没有外来突发事件干扰。而一个医疗机构的储备事实上不可能为零，因为：①存在不确定供应、不确定需求和生产连续性等诸多因素的制约；②盲目的零储备不但不能把成本降下来，反而会导致管理上的一些漏洞和混乱出现，甚至可能造成更严重的后果。

三、加强大型医疗机构的应急物资储备

（一）大型医疗机构作为应急物资储备中心的优势

从国外经验和我国应急医疗物资储备与配置的现状，建立以大型医疗机构为中心的应急物资储备体系是值得考虑的选择之一。

1. 大型医疗机构有着优秀、悠久的文化以及深厚的医技积累 医学是一门特殊的学科，兼有人文与科学性的特征，它的历史和文化背景是非常重要的。这种优秀的文化传统和深厚的医技积累是靠几代人沉淀下来的，这是我国卫生事业的宝贵财富和不可替代的资源。

2. 大型医疗机构拥有交通便利的地理优势和无可比拟的人才优势 这是大型医疗机构调配物资产生时间和位移上的优势，同时大医疗机构作为非营利机构，进行药品采购储存能够更为公正严明，切实落实上级的储备计划。重要的是随着医改的深入，大型医疗机构的发展方向必将发生变化，如果应急医疗体系改革能顺应新医改的方向，将大型医疗机构作为应急医疗物资储备与配置的中心部门，引导大型医疗机构从大规模的门诊救护转向公共突发卫生行政部门。

3. 医疗机构发展模式，有利于整合并促进医疗资源动态调整 在当今条件下，形成新型医疗集团是医疗机构新的发展模式，最终实现医疗卫生系统的和谐发展。区域中心医疗机构在保持公益性的基本前提下，探索多渠道进行医疗应急物资的储备与配置战略。我们要充分认识到区域中心医疗机构是国家公益性医疗资源的重点，利用医疗机构内部和外部、动态和静态、有形和无形等全方位的资源优势来达到储备和配置物资目的。在配置物资的战略上选择包括医疗保险机构、政府、社会组织和患者乃至科研项目融资等各种途径在内的多渠道储备与配置方式。

（二）大型医疗机构作为应急物资储备中心的实现

药品应急储备，是实施紧急医治、抢救生命的基础和保障，直接影响到应急医疗系统的反应速度和最终成效。因此，应当根据各地区频发灾害的实际情况，选取条件合适的大型医疗机构进行药品应急储备。

1. 建立医疗机构应急物资储备库 遵循规模适度、布局合理、功能齐全、反应迅速、运转高效、保障有力的原则，选取区域内的大型医疗机构为中心，科学编制医疗应急物资储备库建设规划，根据本区域内易发灾害特点和救灾工作需要，合理确定各级医疗药品应急储备库规模。因地制宜，可以采取新建、共用或租借等方式解决存储场所，充分利用已有库房和设备，避免重复建设。应做到区域布局合理，布局合理包括两个方面：一是在储备层次上要合理；二是储备的方向和地点要合理。

2. 确定应急物资储备的规模与标准 综合考虑社会效益和经济效益，以及本区域内核心医疗机构的自然地理环境、物流基础设施条件，要做到规模适度，最终科学确定应急药品储备的总体规模和各层次的合理标准。一旦发生突发事件、自然灾害、公共卫生事件等公共事件，应急药品可以立即调配到位，这将大大提高应对公共灾害事件的应急医疗救治能力和效果。

3. 不断优化应急物资储备结构 一是可以利用 ABC 分类法将药品划分为急救药品和

一般救治药品，分类管理；二是依据市场供货情况分为长线物资和短线物资，对急救物资、短线物资合理储备，对其他医疗物资少储备或不储备，使储备结构更加合理，并且不断地更新调整。要求区域内的医疗系统建立和完善救灾应急医疗物资储备体系，切实增强本区域内医疗救助快速反应能力。

第三章 >>

卫生应急队伍装备

第一节　卫生应急装备概述

一、基本概念

卫生应急装备，是指为卫生应急救援队伍应对突发事件而配备的，用于医疗救援、传染病控制、中毒处置、核与辐射事故处置等工作的各类设备、器械、车辆等。

二、作用

（一）处置各种突发事件的物资手段

高效实施各种突发事件的医疗卫生救援和有效应对各种突发公共卫生事件，尽可能地避免、减少人员的伤亡和经济损失，是卫生应急工作的核心目标。而卫生应急装备，又是实现和完成上述目标必不可少的条件。卫生应急装备，是医疗卫生人员的作战武器。要想提高卫生应急能力，保障卫生应急工作的高效开展，就必须为卫生应急人员配备专业化的卫生应急装备；如果没有必要的卫生应急装备，医疗卫生人员将很难在现场有效开展工作。

（二）保障群众健康和生命安全的必要工具

高效的卫生应急装备，不仅可以帮助医疗卫生人员在医疗卫生救援过程中，最大限度地降低事件的危害和人员伤亡损失。同时也是医疗卫生人员健康和生命安全的根本保障。

（三）衡量卫生应急能力建设的重要标准

加快提高我国卫生应急装备的配备水平，是我国推进和提高卫生应急能力建设的重要措施。其装备水平的高低，体现了我国卫生应急能力建设的成效；装备体系的完善程度，体现了应急能力建设的全面性；装备配备发展状况是应急能力建设的重要内容。

三、特点

（一）适应性

适应性是指卫生应急装备在规定的环境条件下和预定的寿命期内，完成规定功能的适应能力。主要包括以下几个方面：①任务适应性：应满足不同突发事件救援任务的需要，使任务需求与装备紧密结合；②环境适应性：应满足一定的环境条件，如温度、湿度、海拔高度、电磁干扰,能够防腐、防潮、防冻等;③天候适应性:应能在一定的天候条件下使用,多数装备应能全天候使用;④时间适应性:应展收快、部署快、能分能合、可全部展开,也可部分展开;⑤人员适应性:装备应适合救援人员和伤员使用,符合人机工程要求;⑥运输适应性:装备及其包装应满足不同运输工具的通用运输条件要求。

(二)机动性

机动性是指卫生应急装备展开、撤收、转移和运输的方便程度。主要包括三个方面的含义:一是自行装备的伴随性,即装备应展收迅速,具有伴随保障能力,能跟得上保障对象,甚至先于保障对象部署,做到"轮子上的后勤";二是非自行装备的可运输性,即非自行装备如方舱等适合不同运输工具和陆、海、空运输条件,可吊运、吊装、整装整卸等;三是装备及其外包装的集装性,即配套的装备应能通过一定的外包装实现集装化,便于携行和运行,如各种医疗箱、卫生包等。做到结构简单、体小质轻、坚固耐用、性能稳定等。

(三)通用性

通用性指卫生应急装备的设计、研制和选型等通用化的程度。主要有三个方面的含义:一是平急通用,卫生应急装备与平时卫生装备尤其是通用卫生装备应尽可能都采用国内商业化产品及其规范,便于各类队伍参与突发事件的救援;二是零部件通用,尽量选用标准件、通用件,以便组织生产、补充和供应,有利于轮换和互换;三是装备的模块化组合,即根据不同的任务类型、规模、环境的需要,通过功能单元和接口的统一,将装备以"堆积木"的方式模块化组合,以满足不同的功能需求和形成不同规模的保障能力。

(四)集成性

集成性指卫生应急装备在技术上和功能上的集约综合,以期达到最佳保障效果。主要有两个方面的含义:一是技术集成性,即利用综合集成技术,充分利用成熟技术,通过集成创新,提高装备的综合技术性能;二是装备自身的多功能性,使单件装备尽可能一物多用,如集包扎、止血与固定功能于一身的多功能包扎固定器材,固定与运送相结合的伤员运送装备,心电监护、除颤、起搏结合为一体的急救装备,具有污染空气滤毒罐的呼吸机,具有活性炭吸附作用的急救包扎材料等。

四、发展趋势

(一)抢运急救快速化

突发事件突然发生,短时局部集中发生伤员较多,伤类和伤情错综复杂,伤势比较严重。因此,必须增强救援人员的现场救治能力,这种情况下,增强抢运急救装备的功能,能够有效地缩短救治时限,提高救治效率。近年来,自动化技术、传感技术、生物技术、信息技术等在相关领域的应用,使得抢运急救装备变得更加轻小、高效。例如,英国的 BCSTM 伤员运送袋是当前世界上最小、最轻的伤员运送工具,可放入救援人员的衣袋中,重仅 980g,承重量为 190kg,主要用于有大量伤员时的伤员运输。此外,美国有一种带有急救药的急救子弹,将其射入一时无法接近的伤员的体表浅组织,药物迅速溶解,能起到止血、镇痛、解毒的作用。

(二)治送结合系列化

伤员在经过急救处理后,需送往后方进行下一步的治疗。但地震、恐怖活动等波及范围广大,且发生地域多变,这就提出了立体化的伤病员运送需求,需要发展系列化的陆、海、空中伤员运送装备。陆上伤员运送装备包括担架、伤员运输车、各种救护车及卫生列车等。海上运送装备包括气垫登陆艇、水陆牵引车、各种卫生运输船和医院船、各种集装箱医院船等。空中伤员运送装备主要包括短、中、远程空中运送装备，如各型卫生飞机、救护直升机等。

此外，运送途中伤病员病情的急剧变化要求能够实施途中病情监控和连续救护，以稳定伤情。例如，美国的C-9A"夜莺"卫生飞机是一种专用的卫生飞机，主要执行后送伤病员的任务，一次可运载40名卧位伤员，机上配有心脏监视器、呼吸机等装备，可对伤病员进行后送途中的连续监控和救护，提高救治效率。

（三）大型高技术装备小型前伸化

主要是将通常在后方医院使用的监护、检验、治疗设备小型化并前伸，如CT、透析仪、气相色谱/质谱联合分析仪等，这些装备能够大大提高灾害救援单位的前沿诊治能力，提高救治效率。美国的可扩展式方舱系统，内置数字成像设备，4人在1小时内即可完成此系统的安装。救援人员可使用该方舱进行诸如矫形、血管手术等的术前探查确诊，从X射线仪扫描到的图像可立刻显示到监视器上，数字图像可通过互联网或其他通信设备传送到远方，可用于远程会诊等。德国也发展了多种便携式诊断装备，如手持式血液分析仪、便携式B超、便携式X线机以及便携式生命体征监护仪等，大大提高了救治效率。

（四）卫生应急装备信息化

近些年来，随着信息技术在该领域的应用，涌现出了许多信息化程度很高的装备，如伤员寻找仪、数字化诊断仪器、数字化检验装备等，这些装备在各种突发事件的救援中发挥了十分重要的作用。但从目前来看，这些装备还存在着一些瑕疵，使得保障效果不能尽如人意。下一步的进展将主要集中在完善通讯系统和实现装备的智能化两方面。完善通讯系统主要是扩大通信网络的覆盖范围，实现装备间的信息共享。实现装备的智能化则是赋予装备类似人类大脑和神经系统的智力和自动感应能力，从而能够根据外界各种条件的变化情况，选择最适合的保障方式。

第二节　我国卫生应急装备的分类

一、主要类别

（一）按照使用状态
分为训练装备、救援行动装备和备用装备。

（二）按照专业性质
分为医疗救援类、传染病控制类、中毒处置、核和放射损伤处置类、队伍保障类五类装备。

（三）按照适用性
分为常规卫生应急救援装备、非常规卫生应急救援装备和卫生应急救援保障装备。

（四）按照具体功能
分为预测预警装备、个体防护装备、医疗救护装备、现场处置装备、通讯和交通保障装备以及应急技术装备等类别。

二、按照专业性质的分类

（一）医疗救援类装备

共 10 类 65 种。包括：携行装备、急救装备、手术装备、特诊装备、消毒供应装备、检验装备、五官科装备、防疫防护装备、机动卫生装备和其他装备。其中，医疗箱组为装备和药材的包装体，具有防水、抗震、可空投和模块组合功能；组合式帐篷医疗单元集水、电、气、冷、暖、通讯为一体，是开展医疗救治工作的平台。见图 3-1～图 3-4。

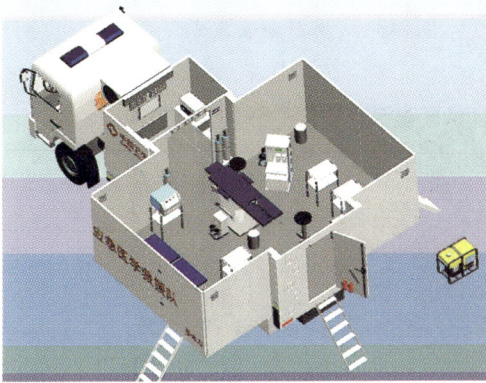

图 3-1 医疗手术车结构图

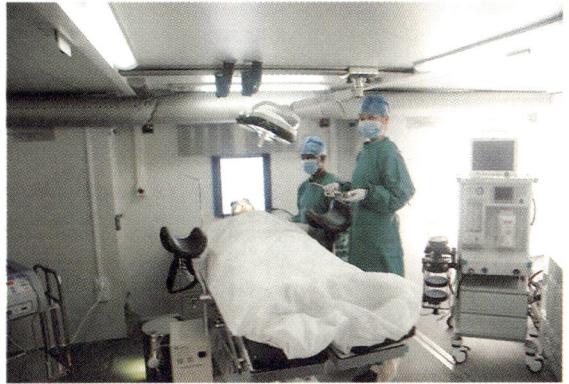

图 3-2 医疗手术车实景图

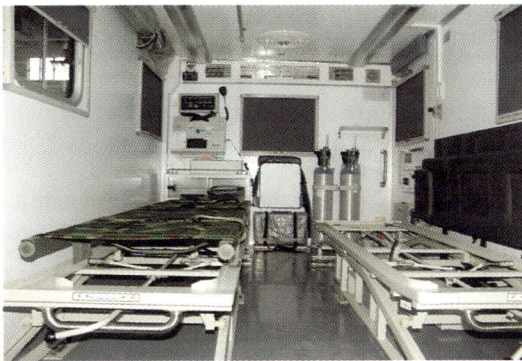

图 3-3 急救车内部实景图

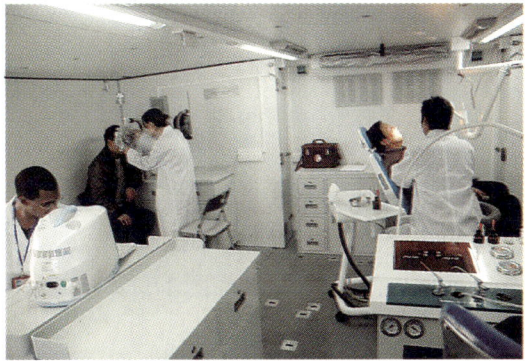

图 3-4 门诊车内部实景图

（二）传染病控制装备

共 5 类 88 种。包括：个体防护装备、现场工作人员预防性药物，现场样本采集、保存装备，现场快速鉴定、检测装备和试剂，现场消杀灭装备和药品。其中，病原微生物检测车配备设备包括：生物安全柜、酶标仪、洗板机、多功能显微镜、倒置显微镜、二氧化碳培养箱、PCR 仪、荧光实时定量 PCR 仪、便携式高压锅、高速冷冻离心机、普通冰箱、废物收容袋、全自动洗手污水处理装置等。见图 3-5～图 3-8。

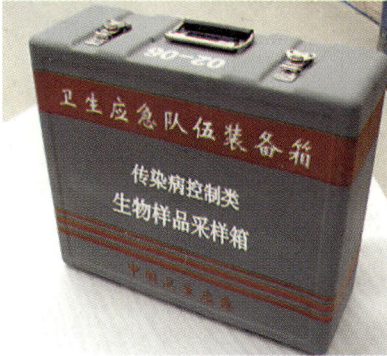

图3-5 生物样品采样箱

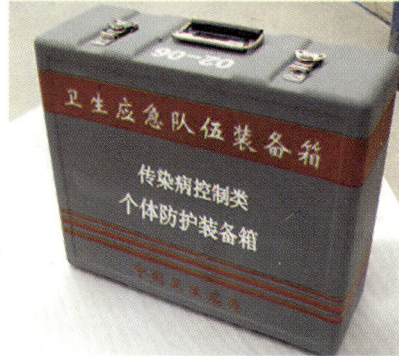

图3-6 个体防护装备箱

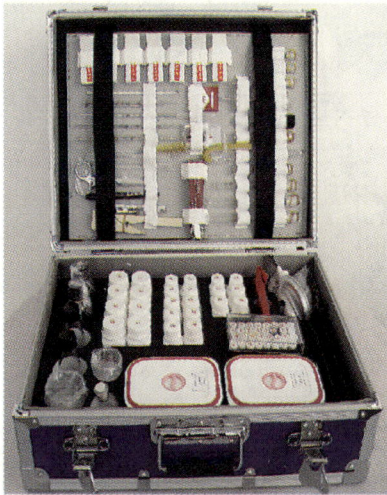

图3-7 生物样品采样箱内部配置图

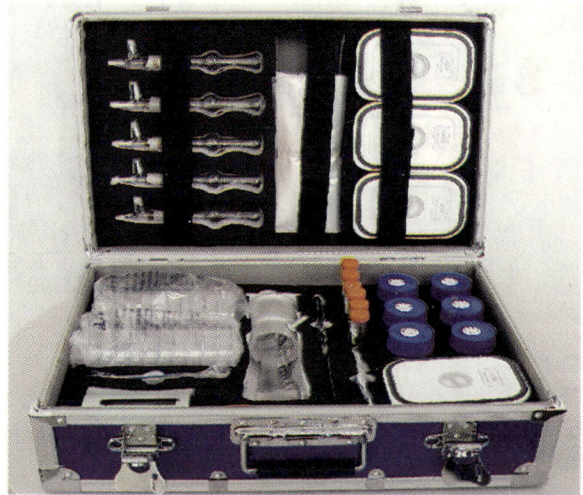

图3-8 个体防护装备箱内部配置图

（三）中毒处置类装备

共 4 类 50 种。包括：个体防护装备、现场样本采集、保存装备、现场快速鉴定、检测装备和其他装备。见图3-9～图3-11。

图3-9 中毒现场洗消装置

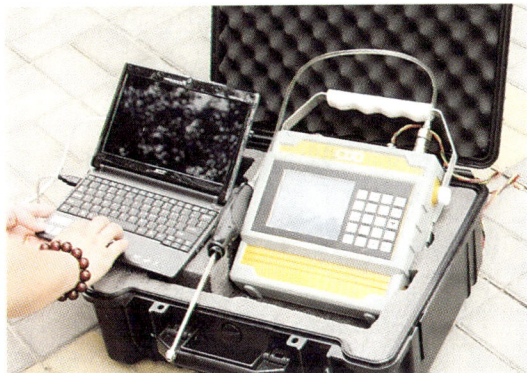

图 3-10 现场毒物检测设备(1)

图 3-11 现场毒物检测设备(2)

(四)核和放射损伤处置类装备

共 9 类 98 种。包括:现场辐射测量设备、个人防护用具、辐射应急药箱、放射性去污箱、局部去污洗消设备、生物样品采集装备和其他装备。见图 3-12。

图 3-12 核辐射现场监测装备

(五)队伍保障装备

1. **个人携行装备** 共 2 类 32 种。其中,服装类 3 种,生活携行类 29 种,可根据不同地域、气候特征等要素进行筛选。生活携行类还可根据需要将个人日常生活用品、小工具、身份识别和救生用品等装入个人背囊、腰包随身携行,满足临时保障所需。

2. **后勤保障装备** 共 6 类 51 种。其中,宿营类 20 种,供电照明类 13 种,炊具类 5 种,食品类 4 种,工具设备类 8 种,车辆类 1 种。要求能满足卫生应急队伍在不依托当地保障情况下,实现自我保障。在执行应急救援任务时,可根据实际,运行所需装备。各类帐篷采用新式网架式结构,具有展开、撤收快,体积小,运输方便等特点;同时,充分考虑自我保障条件下,水、电、暖、食品营养和工具设备等供应保障问题。

3. **通信办公装备** 分 3 类 22 种。其中,通信设备类 6 种,办公设备类 15 种,指挥车辆类 1 种。通信设备要求采用目前成熟、应用广泛、使用费用相对较低的移动电话、移动传真、卫生电话和海事卫星 mini 或 M4 工作站,能基本实现在不同区域救援工作时与指挥中心的语音、文电以及图像实时传输。办公设备能满足国内外救援工作中各类办文、会议、仪式等办公所需。指挥车辆考虑装载通信指挥平台,确保与后方指挥中心的联络和通信。

4. 徽章标志　有6种。包括由卫生部门统一制作的印有卫生标识的卫生应急队旗、臂章，以及针对不同救援行动临时制作相关标志。相关标志主要用于救援队物资、住地和赈灾物品的标识。见图3-13～图3-17。

图3-13　现场指挥车

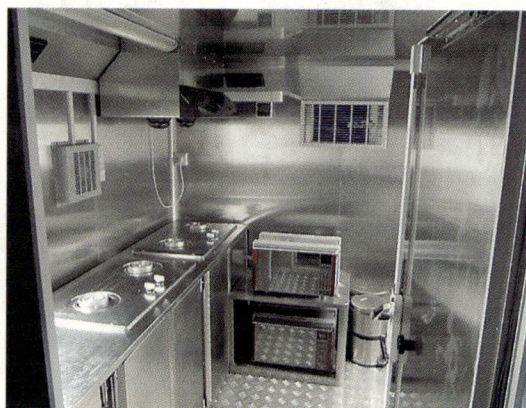

图3-14　炊事车内部结构

图3-15　宿营车

图3-16　网架帐篷

图3-17　现场综合保障方舱

三、按照适用性的分类

（一）常规卫生应急救援装备

常规卫生应急救援装备主要是针对灾害性突发事件如地震、海啸、倒塌、水灾、旱灾、雪灾等开展医学救援的医疗卫生装备。

1. 根据装备使用性质分类 可分为急救装备、手术装备、特诊装备、消毒供应装备、检验装备、防疫装备、运送装备等。

（1）急救装备：主要包括急救箱（含听诊器、血压计、叩诊锤、镊子、砂轮、体温计、剪刀、压舌板、急救药品等急救必需品）、急救包、绷带、止血带、夹板、人工呼吸器、供氧器、吸引器、心脏起搏器、输血输液器等。

（2）手术装备：主要包括清创缝合包、气管切开包、骨科器械包、胸科器械包、颅脑外科器械包、妇产科手术器械包、五官科检查器械包、血管吻合器等。

（3）特诊装备：主要包括心电图机、便携式B超、便携式X线机、明室洗片机等。

（4）消毒供应装备：主要包括便携式消毒锅、压力蒸汽灭菌器、多人吸氧器、小型医用纯水装置、运血箱等。

（5）检验装备：主要包括临床常规化验、生化检测、微生物检诊用的设备仪器。如红、白细胞测定仪、血气分析仪、生化分析仪、分光光度计以及显微镜、冰箱、离心机等。

（6）防疫装备：主要包括用于卫生学流行病学侦察、检验及消杀灭装备。如便携式生物样品运输箱、采样管（含采样液）、食品安全快速检测箱、水质理化快速检测箱、水质细菌快速检测箱、背负式喷雾器、电动/燃油喷雾器、烟雾发生器、洗消架、超低容量喷雾器等。

（7）运送装备：主要包括伤员搬运工具（含地面搬运工具、水上换乘工具、登机工具）、伤员运送车辆、伤员运送船舶、伤员运送飞机等。

2. 根据装备载体形式分类 可分为卫生背囊、帐篷医院、车辆医院和方舱医院。

（1）卫生背囊：包括急救背囊、手术背囊、药供背囊、抗休克背囊、诊断背囊、消毒背囊、担架背囊等，主要用于特殊情况下（特种任务、紧急支援等）的现场急救。

（2）帐篷医院：主要由医疗功能帐篷和相应的野外医疗箱组成。帐篷包括指挥帐篷、分类帐篷、手术帐篷、急救帐篷、诊断帐篷、药供帐篷、病房帐篷等。医疗箱主要装载各功能帐篷内的设备与器材。

（3）车辆医院：车辆医院是指由卫生技术车辆组成的野外医院。卫生技术车辆是指配装有药材、医疗器械、设备等，具有某种医疗救治、卫勤保障功能的专用车辆，亦可称为医用车辆。主要包括急救车、手术车、X线诊断车、消毒灭菌车、临床化验车、采血车、运血车、制氧车、远程医疗会诊车、卫生防疫车等。

（4）方舱医院：由多个方舱配套组成的野外医院。标准方舱可根据需要配备相应装备和人员，形成各种功能方舱，如手术方舱、检验方舱、药材方舱、X线室、病房方舱等，可根据需要进行组合，组成各种规模的救治机构（图3-18）。

图3-18　方舱医院

（二）非常规卫生应急救援装备

非常规卫生应急救援装备主要是用于核生化污染发生时或存在潜在威胁时保护人员或

伤员健康的一系列装备的总称,主要包括现场检测、洗消、救治和防护等装备。

1. 现场检测装备 现场检测装备是指救援机构在救援活动前或救援过程中进行核生化侦察、检验的一系列装备,主要用于机构展开区域的污染、疫情等的侦察,水质、食品的污染物检验、探测。

(1)按检测对象分类:现场检测装备可分为两类:①个人检测装备,适于单人活动时对自身和他人或伤病员的污染物检测,一般体积较小,重量轻,便于携带,检测能力有限;②集体防护检测装备,适于在进入集体防护装备前对卫生人员和伤病员的集体检测,检测范围广,能力较大,重量相对较重。

(2)按检测范围分类:现场检测装备可分为五类:①染毒地域检测,主要用于核生化战剂大面积污染地域内的空气、水质、植物、土壤、动物尸体等的检测和报警;②设备检测,主要用于核生化污染地器材和车辆等的检测;③水质检测,用于对染毒或怀疑染毒的水源进行卫生学检测;④食品检测,用于对染毒或怀疑染毒的粮秣、食品、可食性动物或植物等进行检测;⑤人员检测,用于正常人和伤病员的服装、装具、呕吐物、尿液及伤口等的污染物检测。

2. 洗消装备 洗消装备特指救援机构使用的用于伤员及其附带物品淋浴、清洗和消毒的一系列装备,包括伤员洗消或消毒设施等。

(1)按洗消载体分类:可分为两类:①小型洗消器材,主要用于个人、装备及装具的洗消;②移动式洗消设备,包括洗消车辆和洗消方舱,主要用于大面积污染区域内水源和动植物等的洗消。

(2)按洗消方式分类:可分为三类:①物理洗消,主要是通过高压冲洗,使毒剂浓度降低,一般用于其他洗消的初步消毒;②化学洗消,主要是利用与毒剂能产生化学反应的物质,所产生的是无毒或毒性下降的物质;③生物洗消,主要是利用生物技术合成的物质,这种物质可以在分子水平破坏毒剂的分子结构,使之没有毒性。

3. 防护装备 防护装备指用于人员或伤员卫生防护用的装备和器材,如伤员运送袋、防护帐篷等。

(1)按防护对象:可分为两类:①个体防护装备,是个人使用的面具、防护服、防护手套等的总称;②集体防护装备,适于救援机构和伤病员的集体防护,如集防帐篷、集防方舱、集防掩体等。

(2)按防护方式:也可分为两类:①呼吸防护装备,主要保护人员的呼吸器官、眼部免受毒剂的侵害,主要包括防毒面具;②皮肤防护器材,用于防止毒剂通过皮肤对人体造成伤害以及防止放射性物质和生物战剂对人体的沾染,主要包括防护服、防护手套和防毒靴套等,配套使用,可对人体不同部位的皮肤提供防护。

4. 救治装备 救治装备是指核生化污染条件下或受污染后对伤员实施救治所用的卫生装备,如防护盒、"三防"急救箱、自动注射器及具有防护功能的各类救治器材等。

(1)按救治对象:可分为三类:①个人装备,主要用于个人的自救及呼救,包括个人"三防"急救盒、注射针、急救包等;②具有滤毒功能的救治器材,能够在核生化条件下通过滤毒功能使伤员救护正常展开,如英国带有滤毒罐的野战呼吸机;③具有防护功能的医疗单元,通过正压系统和必要的检测洗消器材,使帐篷式、车辆式和方舱式野外医疗机构能够在核生化条件下实施救治。

（2）按装备种类：可分为两类：①医疗箱囊，用于个人救护、核生化事故处理、检水检毒、食品检验等，如防化急救盒、核事故处理箱、化学事故处理箱、检水检毒箱等；②"三防"急救单元，主要用于核生化伤员的急救处理、后送运输和途中救护等，如"三防"急救车、核事故急救方舱等。

（三）卫生应急救援保障装备

卫生应急救援保障装备是用于救援机构、救援人员或伤病员日常生活保障的一系列装备的总称，主要包括通讯与办公装备、生活保障装备和个人生活用品。

1. 通信与办公装备 通信与办公装备主要供救援机构和人员在野外条件下通信联络、指挥决策和办理文书。包括海事卫星、移动电话、对讲机、GPS定位系统、笔记本电脑、打印机、摄像机、照相机、便携式投影仪、手持扩音器等。

2. 生活保障装备 生活保障装备主要用于救援人员及伤病员的基本生活保障，包括食品、电、水等的供应。

按保障功能，可分为六类：①宿营装备，包括帐篷、暖风机、电扇、水桶、折叠床（桌、椅）、塑料布（可做雨具）、警戒杆、警示标识、洗涤用品、洗浴装置等；②供电照明装备，包括发电机、防水配电盘、电线、防水接线板、车用逆变电源（12～220V）、节能灯（含灯头）、油桶、月球灯、爆闪标志灯、国际转换插头等；③炊具，包括炊具组套、电热水壶、软体储水罐、净水装置、水袋等；④工具设备，包括镐、铁锹、尼龙绳、折叠梯、后勤包装箱等；⑤车辆，主要是一些后勤保障车辆；⑥食品，包括主副食、压缩干粮、矿泉水、方便面等。

3. 个人生活用品 个人生活用品主要包括两类，即服装和携行类生活用品。

服装主要包括救援队队服、工作服、保暖衣裤等。携行类生活用品主要包括背囊、身份识别牌、药盒、手电筒或头灯、驱蚊剂、防晒霜、野战饭盒（含勺、筷）、脸盆、睡袋、毛毯、毛巾被等。见表3-1。

表3-1 现场救援队伍应急装备表

分类	内容
常规卫生应急救援装备	急救装备：急救箱（含听诊器、血压计、叩诊锤、镊子、砂轮、体温计、剪刀、压舌板、急救药品等急救必需品）、急救包、绷带、止血带、夹板、人工呼吸器、供氧器、吸引器、心脏起搏器、输血输液器等
	手术装备：清创缝合包、气管切开包、骨科器械包、胸科器械包、颅脑外科器械包、妇产科手术器械包、五官科检查器械包、血管吻合器等
	特诊装备：心电图机、便携式B超、便携式X线机、明室洗片机等
	消毒供应装备：便携式消毒锅、压力蒸汽灭菌器、多人吸氧器、小型医用纯水装置、运血箱等
	检验装备：临床常规化验、生化检测、微生物检验用的设备仪器，如红、白细胞测定仪、血气分析仪、生化分析仪、分光光度计以及显微镜、冰箱、离心机等
	防疫装备：便携式生物样品运输箱、采样管（含采样液）、食品安全快速检测箱、水质理化快速检测箱、水质细菌快速检测箱、背负式喷雾器、电动/燃油喷雾器、烟雾发生器、洗消架、超低容量喷雾器等
	运送装备：伤员搬运工具（含地面搬运工具、水上换乘工具、登机工具）、伤员运送车辆、伤员运送船舶、伤员运送飞机等

续表

分类		内容
常规卫生应急救援装备		卫生背囊：急救背囊、手术背囊、药供背囊、抗休克背囊、诊断背囊、消毒背囊、担架背囊等
		帐篷医院：主要由医疗功能帐篷和相应的野外医疗箱组成。帐篷包括指挥帐篷、分类帐篷、手术帐篷、急救帐篷、诊断帐篷、药供帐篷、病房帐篷等。医疗箱主要装载各功能帐篷内的设备与器材
		车辆医院：主要包括急救车、手术车、X 线诊断车、消毒灭菌车、临床化验车、采血车、运血车、制氧车、远程医疗会诊车、卫生防疫车等
		方舱医院：由多个方舱配套组成的野外医院。标准方舱可根据需要配备相应装备和人员，形成各种功能方舱，如手术方舱、检验方舱、药材方舱、X 线室、病房方舱等，可根据需要进行组合，组成各种规模的救治机构
非常规卫生应急救援装备	检测装备	个人检测装备：包括各式现场检测包、检测箱、检测盒、水质检验箱、食物检验和筛选盒以及手持式检测仪、报警器等
		集体防护检测装备：用于进入集体防护装备前对卫生人员和伤病员的集体检测，包括各类型污染物检测器和污染物报警器等
	洗消装备	小型洗消器材：包括各式消毒包、消毒盒、防化包、防化盒、消毒器材、洗消剂等
		洗消车辆：可用于车辆、装备和人员的洗消，包括各类型洗消车、消毒车、洗消卡车等
		洗消方舱：可用于人员、衣物、车辆及其他装备的洗消
	防护装备	个体防护装备：主要包括个人使用的面具、防护服和防护手套等
		集体防护装备：用于救援机构和伤病员的集体防护，包括集防帐篷、集防方舱、集防掩体等
	救治装备	医疗箱囊：用于个人救护、核生化事故处理、检水检毒、食品检验等，包括防化急救盒、核事故处理箱、化学事故处理箱、检水检毒箱等
		"三防"急救单元：用于核生化伤员的急救处理、后送运输和途中救护等，包括"三防"急救车、核事故急救方舱等
卫生应急救援保障装备	通信与办公用品	包括海事卫星、移动电话、对讲机、GPS 定位系统、笔记本电脑、摄像机、照相机、便携式投影手持扩音器等
	生活保障装备	宿营装备：包括帐篷、暖风机、电扇、水桶、折叠床(桌、椅)、塑料布(可做雨具)、警戒杆、警示标识、洗涤用品、洗浴装置等
		供电照明装备：包括发电机、防水配电盘、电线、防水接线板、车用逆变电源(12～220V)、节能灯(含灯头)、油桶、月球灯、爆闪标志灯、国际转换插头等
		炊具：包括炊具组套、电热水壶、软体储水罐、净水装置、水袋等
		工具设备：包括镐、铁锹、尼龙绳、折叠梯、后勤包装箱等
		车辆：主要是一些后勤保障车辆
		食品：包括主副食、压缩干粮、矿泉水、方便面等
	个人生活用品	服装：主要包括救援队队服、工作服、保暖衣裤等
		携行类生活用品：主要包括背囊、身份识别牌、药盒、手电筒或头灯、驱蚊剂、防晒霜、野战饭盒(含勺、筷)、脸盆、睡袋、毛毯、毛巾被等

第三节　卫生应急装备配置

卫生应急队伍装备建设包括装备的配备标准制定,装备型号选列、采购,队伍装备管理、训练、使用、退役等全过程。本节主要研究装备配备和装备选列过程中的原则与要求。

一、配备原则

卫生应急装备配备是指为保障应急队伍完成处置突发事件保障任务而实行配备装备的过程。在这一过程中,卫生应急装备建设,应当结合当地实际,服从和服务于所承担的卫生应急任务需要,并遵循以下原则:

(一)平突结合的原则

根据国家、省、市、县不同级别卫生应急队伍和应对各类突发公共卫生事件卫生应急的实际需要,在最大限度地利用日常已有医疗卫生资源的基础上,从卫生应急实战出发,添平补齐,确保卫生应急现场处置工作的需要,为有效开展卫生应急工作提供保障。

(二)分类配置的原则

根据所承担卫生应急任务的需要,县级以上卫生部门按照医疗救援、传染病控制、中毒处置、核和放射处置应急救援等不同任务需求,结合地方实际情况进行分类配置。

(三)最大保障的原则

依据卫生应急队伍承担的任务,立足于满足自我保障和卫生应急队伍处置的需要,确定装备品种和数量。

(四)系统配套的原则

卫生应急装备配备,实行工作装备和保障装备相互匹配、携行装备和运行装备有机结合,整体提高处置突发公共卫生事件的能力。

(五)模块组配的原则

根据卫生应急功能和任务的多样性,区分作业单元,实行各类装备的模块化组合,尽可能做到箱囊化。

二、选列原则

为应急队伍制定完配备目录与标准后,要为落实标准选列装备,在为队伍选列装备时,要立足于应急装备自身的特点,既要区别于平时医院固定医疗设备,又要兼顾操作使用对象和使用环境的要求。一般在选列装备时主要考虑下列原则:

(一)先进性原则

所选装备要适应国家技术经济发展水平,反映当前先进的科学技术、生产水平和医疗保障经验。

(二)适应性原则

所选装备必须满足应急队伍的使用要求,立足各类应急队伍承担的任务背景,明确装备需求,依据救治任务,确定各机构装备品种;要与装备使用环境相适应,与队伍的类别性质相适应。要依据救治队伍机构保障任务,确定装备数量。不同队伍机构所承担的救治任务不同,其伤病员通过量及救治率也不同,因而装备的编配品量也不同。

（三）机动性原则

所选装备既要方便展开、撤收，也要便于转移、运输，因此，装备的自行能力和携运行能力是选列装备考核的主要指标之一。

（四）配套性原则

队伍应急装备配备要与队伍编组任务职责和人员的编制及水平相适应，要从装备和人员集成的角度配备应急装备，力求符合各类机构保障方式与人员水平。同时考虑基本应急装备与机动应急装备、应急医疗装备与保障装备相互配套。

三、技术要求

（一）总体要求

卫生应急装备在配备选列时，总的说，要满足下列三条要求：

1. 根据相关法律法规要求进行选择 对法律法规明文要求必备的，必须配备到位。随着卫生应急法制建设的不断推进，医疗卫生救援规程、规定、标准、规范都已逐步建立和完善。对上述文件中关于卫生应急装备的要求，都需要严格予以落实。

2. 根据相关预案要求进行选择 卫生应急预案是卫生应急准备与行动的重要指南，因此，卫生应急装备必须依据卫生应急预案的要求进行选择和配备。卫生应急预案中需要配备的装备，有些可能明确列出，有些可能只是列出通用性要求。对于明确列出的装备按方抓药即可，而对于没有列出具体名称，只列出通用性要求的设备，则要根据要求，根据所需要的装备功能与用途进行认真选定。

3. 根据装备性价比进行选择 卫生应急装备的种类很多，价格差距往往很大。在选择时，首先要明确需求，从功能上正确选择；其次，要考虑到运用的方便，从实用上进行选购；第三，要保证性能稳定，质量可靠，从耐用性、安全性上选择；最后，要从经济上考虑，从价格和维护上进行比对，在满足需要的前提下，尽可能少花钱，多办事。特别是要注意不能选择一些设计不合理、甚至存在严重缺陷的产品，否则会降低卫生应急工作效率，引发一些不应发生的次生危害。

（二）技术要求

从技术角度，应急队伍装备技术要求是通过一系列技术指标体现的，这一系列技术指标构成了一个指标体系。分析这个指标体系构成要素，能够反映装备的技术要求。

装备的技术要求主要体现的指标有：使用性能；保障性；可靠性；维修性（含测试性）；环境适应性；机动性；安全性；人 - 机工程；勤务性；生存性；兼容性；标准化；尺寸和质量（重量）；外观及表面加工质量；其他要求（包括标志、能耗、材料、设计与结构、包装等）。

上述指标，按照它们的属性及内涵可用图的框图形式表达其体系特征。见图3-19。

1. 使用性能 任何一种装备都有它的特定用途，不同用途的装备，其表征使用性能的参数是不同的。如对发电机来说，其使用性能是输出功率，其次是耗油量；对伤病员运送工具来说，其使用性能有伤病员运载能力、急救能力、动力性、操纵性、行驶平顺性、制动能力、耗油量等；对运血车来说，其使用性能有血液储运量、血液储存温度、储运时间、运输距离等。使用性能是卫生装备最主要、最基本的性能，是卫生装备质量特性的主要标志。

（1）使用性能的基本概念：是卫生装备对所赋予的保障功能的实现程度，或者说是卫生装备为完成规定保障功能的能力。也可以说是主要表现其满足战术要求方面的能力。

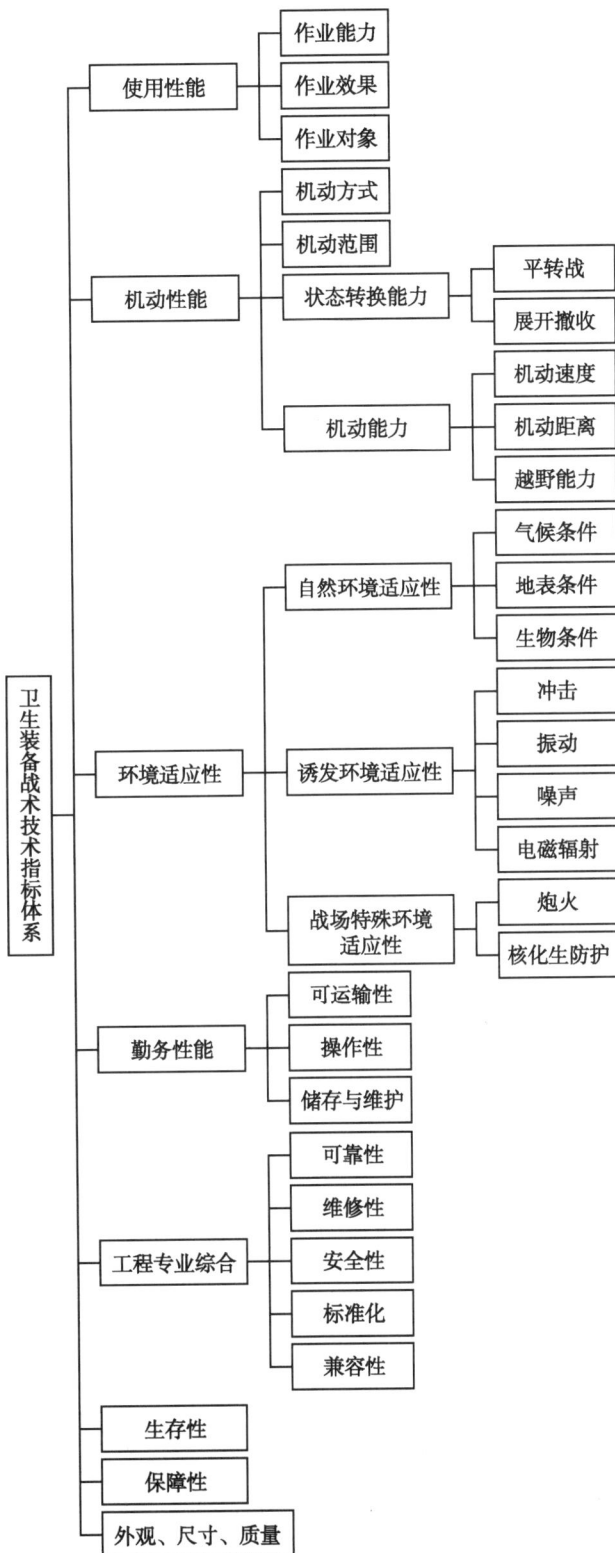

图 3-19 应急装备技术指标体系框图

（2）使用性能的主要指标：①作业能力：主要有承载量、通过量、生产能力、功率、效率、速度、检测范围和精确度等；②作业效果：主要是指满足战术技术指标要求的程度；③作业对象：主要是伤病员，其次是致病生物、物质等。

（3）考核使用性能指标的依据和应注意的事项：一种装备往往有诸多使用性能，有些性能是完成规定用途和能力所必需的，有些则不是，甚至没有多大关系。因此，选定使用性能指标时，应注意以下几方面：①选准参数，再确定指标；②参数的选定应考虑装备的用途、类型、参数的可验证性、验证所需的时间和经费；③分析同类装备的使用性能指标，用以对比和借鉴；④选定的性能指标应尽量定量化，少用描述性定性要求。一旦必须使用时，也应便于检验。

2. 环境适应性　环境是在给定的时间和空间条件下，作用于人类和物资装备的所有外界影响和力量的总和。环境条件包括自然环境条件和诱发环境条件两部分。自然环境条件是自然发生的气候、地表和生物等诸因素。诱发环境条件是人类活动或装备本身引起的振动、冲击、噪声、电磁辐射等诸因素。自然环境条件和诱发环境条件之间的关系是相互影响、相互制约的关系。实践证明，环境条件对装备的影响极大，有时会损坏装备，发生人身事故。因此，分析装备在寿命期内所经历的环境条件，研究环境对装备的影响，进而提出合理的环境适应性指标，对于研制适应于预定环境条件的卫生装备是十分重要的。因此，环境适应性是卫生装备的一种重要的质量特性。

（1）环境适应性基本概念：卫生装备在规定的环境条件下和预定的寿命期内，完成规定功能的能力。这个定义指出了卫生装备环境适应性是卫生装备对预期经历的装卸、运输、储存和使用环境的适应能力。此定义强调了两方面的内容：一是预期设定的环境剖面，即寿命期内装卸、运输、储存和使用的环境条件；二是适应能力，其含义是装备应能经受住寿命期内预定的环境条件的考验，只要在预定的环境条件下使用装备，装备应能正常工作，完成规定的功能；

（2）环境适应性的主要指标及要求：①自然环境条件：主要包括气候条件、地表条件和生物条件。气候条件主要有温度（包括低温储存、低温工作、高温储存、高温工作）、湿度、低气压（海拔高度）、风力、降雨、降雪、雾、盐雾、沙尘、太阳辐射等；地表条件主要有道路、地形、水文、植被等；生物条件主要有霉菌、白蚁、鼠等。②诱发环境条件：主要有大气污染物、振动、冲击、加速度、噪声、电磁辐射、沙尘等；

（3）考核环境适应性指标的依据：卫生装备环境适应性指标的选定应依据下列因素：①寿命期内卫生装备所经历的装卸、运输、储存和使用的环境剖面；②卫生装备的类型、复杂程度等；③卫生装备的使用要求，例如平时还是战时、寒区还是热区、高原还是平原、海上或是空中等；④相似装备的环境适应性水平；⑤预期采用的技术可能达到的水平；⑥环境试验方法；⑦费用、进度等。

（4）考核环境适应性指标应注意的事项：首先，在实际环境中，各环境因素并不是单独存在的，有时往往是多因素同时存在，并相互影响。因此，在选定环境适应性指标时，不仅要考虑多种环境因素的影响，还应考虑到每一种环境因素都可能改变其他因素的影响。例如：高温能增大湿度的渗透力，低温往往能增强振动和冲击的影响，高湿可以加剧盐雾的腐蚀等。其次，在卫生装备战术技术指标中，各项指标并不是单独存在的，它们之间是相互依存、相互制约的。如果环境适应性指标低，则会降低装备的使用性能，装备的故障率就会提高,维修就会出现更多的困难,或者装备的结构出现损坏,安全性降低,勤务性下降。当然,提高装备的环境适应性,上述问题会得到一定程度地解决,但装备的研制费用就会急剧地增加。因此,在选定环境适应性指标时,应与使用性能、可靠性、维修性、安全性、勤务性、经济性等指标相互协调、相互平衡、经济合理。

3. 机动性 所谓机动性有双重含义。一是广义的机动性,是指装备实施机动保障的能力,包括机动方式、机动范围和状态转换能力及运输适应性等。二是狭义的机动性,是指有自行能力的装备的机动速度(如最高车速)、机动距离(如续驶里程)和通过性能(或越野能力)等。

(1)机动性分类:根据机动的规模和性质,机动方式可分为:①战术机动:卫生装备在小范围内实施近距离的区域性机动保障;②战役机动:卫生装备在较大范围内实施较远距离的战区性机动保障;③战略机动:卫生装备在大范围内实施跨战区的机动保障或战略性转移行动。根据所采取的手段和涉及的空间范围,机动方式可分为:①陆上机动:包括公路、铁路、越野机动等;②水上(下)机动;③空中机动。

(2)环境适应性的主要指标及要求:分析卫生装备在完成保障任务中对辅助设备、各种保障设备的依赖程度和可能出现的问题,对卫生装备独立完成保障任务和自救、互救能力等方面提出要求。综合分析机动保障全过程特点(包括机动前准备、行军转移、作战准备、战前隐蔽、保障实施及战后撤离等),提出卫生装备转移能力的适应性要求。①状态转换能力。主要内容包括:平时状态转入战备状态;战备状态转入行军状态;行军状态转入作战状态(即装备的展开过程)及作战状态转入行军状态(即装备的撤收过程)的能力。一般以时间作为度量指标。②运输适应性。主要内容包括:装备对运输、转载工具等的适应性要求。③机动性能。主要内容包括:机动速度、机动距离、转弯半径、加速性、制动性、通过性能、爬坡度、爬升率等。④其他要求,如机动中装备自救互救能力、自动定位定向能力等。

4. 可靠性 可靠性是装备失效概率或故障率大小的标志。如果装备的可靠性水平低,装备的质量就无法保证,装备的使用功能就不能充分发挥。只有可靠性水平高,才能保证装备的功能得到充分发挥,否则就不能保证装备的规定功能。因此,可靠性是装备的一种重要的质量特性。为了提高卫生装备的质量,必须从装备的论证、技术设计、试制到批量生产,都把提高装备的可靠性指标作为技术研究的重要课题。

(1)可靠性的基本概念:卫生装备在规定的条件下和规定的时间内,完成规定卫勤功能的能力。上述定义主要强调了四个方面的问题:一是规定的条件。这个条件是指装备寿命期内所经历的环境条件、工作载荷(如担架承受的伤病员的重量、发电机的输出功率等)、维修保障等条件。规定的条件不同,装备的可靠性也不同。例如,同一装备使用的载荷不同,其可靠性是不同的。在超负荷下使用和连续不断的工作,会使可靠性降低。二是规定的时间。这个时间是指装备完成规定功能的时间,这是定义的核心。规定的时间是依装备类别的不同而不同,可以是无故障工作时间或为完成保障任务的持续时间,也可以是使用(运行)次数。三是规定的功能。这个功能是指在论证、研制时赋予装备的卫勤保障功能和能力。这个功能指装备的使用性能,如野战运血车只有储运血量达到了要求,而储运温度达不到要求,就不能说是完成了规定功能。四是能力。这个能力是指装备的可靠性在上述三个规定上的综合体现。由此可见,可靠性是装备的内在特性,是装备的重要质量特性。

(2)可靠性的主要指标和要求:①可靠性定量指标:平均故障间隔时间(MTBF);平均

故障前时间（MTTF）；故障率（λ）；平均维修间隔时间（MTBM）等。其中：平均故障间隔时间（MTBF），为可修复装备可靠性的一种基本参数。其度量方法是：在规定的条件下和规定的时间内，装备的寿命单位（装备使用持续期的度量）总数与故障总次数之比；平均故障前时间（MTTF），为不可修复装备可靠性的一种基本参数。其度量方法是：在规定的条件下和规定的时间内，装备的寿命单位总数与故障装备总数之比；故障率（λ）的度量方法是：在规定的条件下和规定的时间内，装备的故障总数与寿命单位总数之比；平均维修间隔时间（MTBM）的度量方法是：在规定的条件下和规定的时间内，装备的寿命单位总数与该装备计划维修和非计划维修事件总数之比；平均故障间隔里程的度量方法是：在规定的条件下和规定的时间内，装备行程的总距离与故障总次数之比。②可靠性定性要求：如果某些装备的可靠性要求难以规定定量指标和验证方法时，则应该规定定性要求和验收规则。例如：对选用的零部件、元器件的可靠性要求，对选用的零部件、元器件和原材料的品种及数量要求，对减额、余度、容差等设计以及可靠性设计评审与验收规则等要求。

（3）选定可靠性指标的依据：卫生装备可靠性指标应依据下列因素选定：①卫生装备的类型、复杂程度、可修复和不可修复等；②卫生装备的使用要求，例如平时和突发时，一次性使用或重复性使用等；③相似装备的可靠性水平；④预期采用的技术可能达到的水平；⑤预期的维修方案，即对维修的考虑和约束条件，包括维修级别、维修工作要求、维修资源要求等；⑥考核和验证方法；⑦费用、进度等。

（4）选定可靠性指标应注意的事项：①卫生装备可靠性指标应与使用性能、维修性、环境适应性、安全性、经济性等有关指标协调一致；②可靠性定量指标应能反映卫生装备的战备完好性和任务要求；③可靠性指标应根据装备的类型在论证时提出目标值和门限值；在制订研制任务书或合同时提出规定值和最低可接受值，也可只提出目标值和门限值。同时还应明确：寿命剖面、任务剖面、故障判定准则、验证方法和其他约束条件；④装备中的设备或分系统的可靠性指标也可单独提出，但必须与装备的总体指标相协调；⑤还应指出，不是所有卫生装备都要选用可靠性指标，如果规定的使用性能指标和设计要求能够保证装备具有所要求的固有可靠性，则可以不选用可靠性指标。

5. 人 - 机工程

（1）人 - 机工程的基本概念：人机工程，亦称为人 - 机 - 环境系统工程、人的因素工程、功效学等，目前对它的概念的理解不够统一。美国人机工程专家 C.C. 伍德对人机工程所下的定义为：设备设计必须适合人的各方面因素，以便在操作上付出最小的代价而求得最高效率。国家军用标准 GJB 897A—2004《人 - 机 - 环境系统工程术语》对人 - 机 - 环境系统工程术语规定的定义为：运用系统工程的理论与方法，研究人 - 机 - 环境系统中人、机、环境各要素本身的性能，以及它们之间的相互关系、相互作用及其协调方式，寻求最优组合方案，使系统的总体性能达到最佳状态，实现安全、高效、经济的综合效果。国家军用标准 GJB 3130—1997《军队卫生装备基本术语》对卫生装备人 - 机 - 境系统工程下了这样的定义：运用系统工程的理论与方法，综合研究卫生装备人 - 机 - 环境系统中人、机、环境各要素本身的性能，以及它们之间的相互关系、相互作用及其协调方式，以使卫生装备及其操作者能够发挥最大工作效能。上述定义虽然表述不同，但在本质上是相同的。这几个定义都强调了研究人 - 机 - 环境系统中人、机、环境之间的相互关系和相互作用；强调了采用合理的技术设计和技术措施，协调好它们之间的关系；强调了以最小的代价，充分发挥操作者和装备的最大工作效率。

（2）人-机工程的主要指标和要求：①适宜的环境大气条件，包括大气成分、气压、温度、湿度、有害物质及致病微生物，以及防止这些变量的非控制波动超出允许范围所采取的安全装置；②噪声、振动、加速度、冲击、爆炸等的变动范围以及为防止上述变量的非控制波动超出安全范围所采取的安全装置；③保护操作者和伤病员免受热、毒性、放射性、机械、电气、电磁、烟火及其他形式的危害；④为操作者和装备提供足够的空间，并为操作者在正常和紧急情况下执行操作和维修任务时必要的身体移动和活动提供自由空间；⑤在正常和紧急情况下，操作者之间以及操作者与伤病员、装备之间有足够的体觉、视觉、听觉及其他形式的通信联系；⑥操作与维修时的工作空间、设备、控制器及显示器的有效布局；⑦为执行操作、控制或维修任务提供充足的自然或人工照明；⑧为在正常、危险或紧急情况下人员的进出及通行，提供安全而足够的通道、出口、梯子、平台及其他设施；⑨提供能被操作者和伤病员接受的人体支撑和约束装置、坐椅、扶手、靠背以及氧气、水和三废处理装置；减少作业持续时间及疲劳产生的心身压力的措施；⑩控制器、显示器、工作空间及舱室设计、位置和布局，应与操作、伤病员、维修装备、操作者的着装和个人装备相兼容；⑪装备的设计应保证在正常、危险或紧急维修情况下操作及维修作业的快速、安全、简便与经济；⑫其他要求。

（3）选定人-机工程指标和要求的依据：①卫生装备的功能、类型、复杂程度等；②装备的操作者和伤病员的特性（心理的、生理的）、作业需求（作业满意度、作业标准和时间限制）等数据；③相似装备的人机工程水平；④预期采用的技术可能达到的水平；⑤费用、进度等。

（4）选定人-机工程指标和要求应注意的事项：首先，在选定人机工程指标和要求前，应对装备系统在特定的任务环境内为实现其目标所必须完成的卫勤保障功能进行分析和权衡研究，对装备运行、控制和维修功能提出操作者和系统作业的要求，并给装备系统分配功能，如自动运行/维修、人工操作/维修、某些人工/自动的组合方式等。其次，在选定人机工程指标和要求时，还应根据人机工程原理和准则对作业和工作负荷进行分析，以此为基础对指标和要求进行权衡、调整和改进。第三，人机工程指标和要求应与保障性、可靠性、维修性、安全性、生存能力等战术技术指标协调一致。第四，人机工程还要考虑生物医学、生命保障、操作使用、维修、费用和进度的合理性和可能性。

6. 尺寸和质量（重量） 几何尺寸和重量是装备的质量特性之一，对装备的使用性能、勤务性等影响很大。一种装备外形古怪复杂，体积和重量很大，不仅对搬运不利，对装卸工具、运输工具、道路和设施要求严格，而且对使用和维护也不便。因此，在可能的情况下，应将装备设计得结构简单，体积小，重量轻。当然，也不能一味追求体积小、重量轻。否则，必然影响使用性能和其他性能。

（1）尺寸：主要是外形尺寸，其次是安装尺寸和主要装配尺寸。

（2）重量：主要是整机重量，其次是重要配套设备和部件重量。

7. 外观质量 外观质量是指装备的造型、款式、颜色、图案和表面精细度等符合美学要求的程度。随着科学技术和经济的发展、装备的日新月异、人们的审美观念的提高，装备的外观质量已越来越成为衡量装备质量的一个不可忽视的特性。人们对装备质量的认识，往往首先从外观质量开始，然后在使用中逐步深化。如果人们一看到装备就感到不舒服，即使装备质量好，人们也不太爱使用。①外观：外观主要有造型、外表颜色、标志图案等；②表面加工质量：表面加工质量主要有材料缺陷、加工缺陷、涂镀缺陷等。

第四节 国外卫生应急装备

一、装备类别

国外突发公共事件卫生应急装备根据救援事件的性质,形成了系列装备,一般可分为通用医疗设备、现场急救系列装备、伤员抢运装具、移动式野外医疗系统和环境适应装备五类,如图 3-20 所示。其中,通用医疗设备是指一些用于诊疗等工作中的常用设备,如 B 超等,其性能与医院等固定医疗设施内使用的装备并没有本质的区别,在此不再赘述。

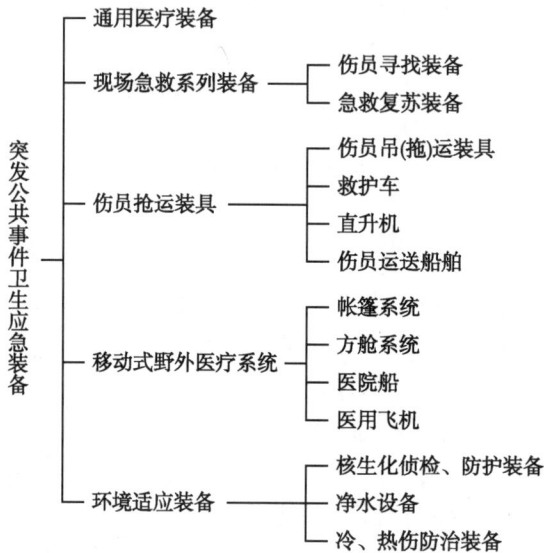

图 3-20 突发公共事件医疗救援装备体系

(一)现场急救系列装备

根据现有的经验,对于不需要立即(1 小时内)运送或住院的伤员而言,现场救护比匆忙运送更加有利。所以,国外在突发公共事件医疗救援中应用了多种简易高效的急救装备,其从功能上可以分为伤员寻找装备和急救复苏装备。

伤员寻找方面,DELSAR 生命探测器是美国 DELSAR 公司的产品,主要用来搜寻被障碍物(废墟等)遮挡而难以发现的伤员。但它要求伤员能够活动、敲击或呼救。该探测器能通过传感器检测到通过固体物质或空气传播的振动或声音信号,并定位发现伤员。DELSAR 生命探测器首先应用在 1988 年的美国地震中,用来搜寻幸存者,此后经不断地改进和发展,成为搜寻遇难者的主要装备之一。

急救复苏装备主要是指对受伤或发生心搏、呼吸骤停的伤员采取止血、包扎、固定、解除窒息或恢复呼吸和循环功能等紧急救护所使用的装备。主要包括急救包、绷带、止血带、夹板、人工呼吸器、供氧器、吸引器、心脏起搏器和输血输液器等。此外,核生化洗消装备及救治装备也属于这一范畴。

(二)伤员抢运装具

在对伤员进行紧急处置后,需用运输工具将其运送,以使其得到确定性治疗。国外在此领域应用的装备包括伤员吊（拖）运装具、各式救护车、直升机等。其中吊（拖）运装具主要用于狭小空间、水上伤员的吊运及地面大批伤员的拖运。

一些抢运装具上还配有急救复苏及监护器材，能够进行抢运途中的连续性急救。美国的创伤生命支持和运输系统就是一种配有高级生命保障系统的医疗运送平台，配备的装备包括生理监护仪、血气分析仪、呼吸机、自动除颤仪、吸引器和输液泵等。该系统可使创伤救治前伸到受伤地点，减少从受伤地点到获得确定性治疗的时间，提高伤病员生存率。并可与多种运输工具配套使用。此外，该系统能够通过配备的通讯装备与后方专家取得联系。目前，该系统已在多种军事行动中得到应用。

（三）移动式野外医疗系统

突发公共事件情况下，伤病员在短时间内大量发生，以及各种事件强大的破坏性，都可能给固定的医疗机构造成巨大的压力，使其不能满足突发公共事件的医疗救援需求，为此，国外配备了一些移动式野外医疗单元，作为固定医疗机构的重要补充，以弥补它们在收容能力、救治能力乃至人员等方面的不足。移动式野外医疗单元是指移动式的救治伤病员的成套专用装备，主要分为卫生帐篷、医疗方舱乃至医院船、医用飞机等。移动式野外医疗单元展收时间短，使用空间大，受外界气候影响小，可自供水、电、气，机动方便可视具体情况由陆、海、空运输，因此普遍受到各国的重视。

美国早在越南战争后就曾把 MUST 医院的手术方舱用作固定医院的手术室使用，此后在几次抗震救灾中该医院也发挥了特殊的作用。1993 年，美国曾在海外基地和美国本土对 6 家固定医院用"可部署医疗系统"进行了支援试验。试验后美国认为，这既解决了固定医院床位紧张、医疗保障有限的问题，又充分利用了野战卫生装备，是一种医疗方舱平战结合使用的经济方法。

（四）环境适应装备

突发公共事件情况下，环境恶化，而且其发生地的自然条件也千变万化，卫勤保障人员乃至伤病员可能遭遇到各种生存问题，比如说海上、岛屿、丛林等地带可能是流行病、传染病的疫源地，南北冷热条件完全不同等，这些问题给突发公共事件的医疗救援造成了很大的困扰。为此，美国等西方国家都把生存训练作为突发公共事件医疗救援人员的一项重要内容，除此之外，他们对环境生存装备的研究也从未懈怠。一般来说，环境生存装备包括各种核生化侦检装备、核生化防护装备、净水装备以及各种冷、热伤防治装备等。

尤其在目前形势下，战术核武器以及一般化学和生物武器以其易取得性和巨大的破坏性获得了恐怖分子的青睐，所以，世界各国都非常重视核生化卫生装备的研制，以提高核生化污染条件下的作战及生存能力，应对可能出现的生化攻击，做到未雨绸缪。

二、装备特点

（一）重视第一反应，提高救援效率

地震等突发情况下，短时局部集中发生伤员较多，伤类和伤情错综复杂，伤势比较严重。因此，国外强调增强救援人员的现场救治能力，以缩短救治时限为指导思想，使救援人员能够完成急救、紧急救治和早期治疗任务，能对伤员进行止血、包扎、固定、抗休克、抗感染等，并可开展紧急救命手术和一般治疗手术，必要时可进行专科手术治疗。

此外，所谓的第一反应人员还肩负着搜集事故现场信息的任务，后方指挥人员可根据

第一反应人员传回的信息作出决策,如相应专业人员乃至装备的动员等。在各种突发公共事件中,国外尤其重视第一反应人员对核生化相关事故的现场应对能力,如美国国家司法学会就先后刊发了《第一反应人员个体防护装备选型指南》、《第一反应人员化学战剂、工业毒剂侦检装备选型指南》、《第一反应人员化生战剂洗消装备选型指南》和《第一反应人员生物战剂侦检装备选型指南》,以增强第一反应人员在核生化污染现场的侦检、防护能力。

(二)强调模块组合,适应不同环境

在应对突发公共事件时,国外提倡整合各种医疗救援力量,建立若干支模块化应急救援机动抽组编队(分队)力量,根据不同的救治任务需求,各专业人员与装备构成不同的救援模块,如创伤急救模块、预防医学模块、伤员搬运模块等。构建模块时,按功能建模,以任务组合,使每个模块既是完成系统任务、达成系统目的的一部分,又是可以独立编配、单独工作的子系统。同时,模块还能够有机分解,如手术模块可以分解为外科手术器械、专科手术器械、手术照明、手术麻醉等子模块。

救援装备模块化的好处有四点:其一,提高装备的保障效能。卫生救援装备保障效能的核心要素是作业能力、机动性、配套性等,而模块保障的关键就是保证装备的高度匹配、可运输性及时间响应的快速应答,科学的模块势必使装备的总体保障效能值增加。其二,增加装备的利用率。对救援装备进行模块化建设,能够将功能、性能、型号等不同的装备进行配套,从而使各类装备的使用效率普遍提高。其三,加大装备的保障范畴。模块化建设可将与医疗救援有关的各种装备随机组合,无论救援需求如何变化,都能利用这种组合完成各层次不同装备组合,实现最佳保障效能,适应不同的人机接口。最后,促进装备的发展。模块化将各种救援装备紧密结合起来,人 - 机接口明确,运行空间清晰,对装备的选型、布局及科研选题等大有裨益。

(三)军民结合,平战结合

因为突发公共事件卫生应急装备与军队野战卫生装备具有一定的相似性,二者都要求野战化、轻便、坚固耐用、性能可靠,使得突发公共事件卫生应急装备具有很强的平战结合、军民通用特性,如美国应对突发公共事件使用的综合牙科治疗箱,外形和内容物都与军品大致相同,只不过军用型箱体的外包装采用的是具有"三防"性能的材料。

为了使军队医疗救援人员及装备在国家突发公共事件领域充分发挥作用,美国国防部先后制定了多项规程、导则,包括《JCS Pub 4-2:联合行动卫勤保障导则》、《DoDD 2205.2:人道主义援助导则》、《DoDD 2205.3:人道主义援助实施规程》、《DoDD 5100:外国救灾规程》等。此外,美国认为,军队在平时参与突发公共事件的应对很有益处,能给医疗救援人员及装备提供演练机会。

第四章 >>

卫生应急物资筹措与质量管理

第一节　卫生应急物资筹措

一、基本概念

（一）概念

卫生应急物资筹措是指卫生部门为有效开展突发公共卫生事件应对和突发事件紧急医学救援，通过各种渠道和常用不同方式及时、适量地筹集所需物资和装备的行为。

卫生应急物资筹措是卫生应急物资保障的基础和首要环节，筹措工作的优劣直接关系卫生应急物资保障水平和卫生应急物流目的的实现，及时快速、质优价廉、品目齐全、足量适用是卫生应急物资筹措的基本目标。

（二）基本要求

一是要满足需求，依据任务、救治范围及医护人员的技术水平，选定适合的品种，以充分发挥各方面的功能，有利于野外救治工作的顺利开展。

二是要满足战术技术指标要求。从需要和可能出发，力求使所选新产品技术先进、性能稳定、适应性强，相对地做到体积小、重量轻、便于机动和装卸，展收迅速，使用方便，坚固耐用。

三是要满足使用管理要求。所选产品原则上要结构简单、设计合理、加工维护容易，便于组织生产和供应管理。

四是所选产品要符合国家有关安全、卫生、环境保护的标准要求。

五是所选产品的制造、验收应具有相应的标准及"三证"（生产许可证、注册证、检验合格证）。

六是采购方对所选产品的设计、制造、验收、质量保证、售后服务及使用技术文件有特殊要求的，应提出相应的标准或标准化原则，与生产方达成一致，在相应的技术文件中予以确认。

（三）一般过程

装备与物资采购筹措分为正常状态下的采购与应急状态下的采购。

正常状态下，装备与物资采购筹措的基本程序是：编报预算、计划编制及下达、采购、合同审签，资金支付、验收。特殊情况下，可以简化部分程序。

（四）筹措方式

卫生应急物资可以根据不同的情况采取不同的筹措方式，具体包括以下几种：

1. 动用储备 储备是卫生应急物资筹措的首选方式，为了在最短的时间里满足卫生应急物资需要，缩短卫生应急物资的供应时间的最佳途径是使用储备的物资。这就要求在平时加强卫生应急物资储备，按照国家储备和地方储备相结合的原则，确保储备的效能。

2. 向社会直接征用 根据《突发事件应对法》的有关规定，对一些卫生应急物资生产和流通企业，在事先不履行卫生应急物资筹措程序的情况下，对其生产和经销的卫生应急物资进行征用，以满足卫生应急需要。事后，根据所征用的物资的品种、规格、数量和市场平均价格与供应商进行结算和补偿。

3. 进行市场购买 根据筹措计划，对储备、征用不足的卫生应急物资实行政府集中采购。要坚持物优价廉原则，引入市场竞争机制，采取多种形式，尽可能直接向制造商进行采购，减少流通环节、降低采购流通成本，加快筹措速度。

（五）优化策略

1. 作好卫生应急物资筹措的基础性工作 不论是药物的筹措还是基本卫生装备的筹措，平时的动员和管理是提高卫生应急物资筹措的有效前提。而基础性工作主要包括：尽快完善卫生应急物资动员法规建设，规范卫生应急物资动员行为和筹措程序；建立一定数量的卫生应急物资储备；对卫生应急物资实施标准化管理和实现卫生应急物资的统一编码和分类；实行计算机管理，构建多种可供选择的物资筹措应急预案。

2. 加强部门间的指挥协调 建立高效的卫生应急物资筹措指挥体系，是提高卫生应急筹措效率的关键环节。指挥关系不合理，必然导致卫生应急物资筹措的紊乱和卫生应急物资保障效能的低下。只有依靠高效能的一体化卫生应急物资的调控手段，加强部门之间、地区之间的协调，减少指挥环节，才能确保卫生应急物资筹措保障任务的完成。

3. 加强卫生应急物资采购中的信息化建设 建构卫生应急物资筹措可视化系统，是有效快速筹措卫生应急物资的保证和依托。信息的采集、传输、加工处理等过程，对于实现卫生应急物资筹措目标至关重要。不及时掌握信息就不了解行情，就可能造成决策失误，导致卫生应急物资供不应求或供大于求的问题，出现卫生应急物资数量没有保证的情况。因此，实时、准确获取和处理物资筹措信息，构建卫生应急物资筹措的信息化可视系统是必然的选择。

4. 加强对卫生应急物资筹措过程的监控力度 在卫生应急物资筹措工作中，要对卫生应急物资的质量严加管理，各级部门要密切配合，加强对卫生应急物资的质量检验、监督工作。要运用经济手段，辅之以必要的行政手段，控制卫生应急物资价格。凡属政府定价和政府指导价的商品，要严格执行政府规定。

5. 综合运用各种筹措手段 在实践中要充分利用动用储备、就地征用和市场购买等方式，来满足卫生应急工作的需要，不能拘泥于一种方式。

二、需求分析

（一）卫生应急物资需求特点

卫生应急物资需求这个概念至少可以从四个方面来进行表述和衡量，一是应急物资的种类需求，二是应急物资的数量需求，三是应急物资的质量需求，四是应急物资的机构需求。

1. 应急物资的种类需求　根据各类突发事件发生的过程、性质和机制的不同，在处理突发事件时所需要的卫生应急物资的种类也是不尽相同的，突发事件的多样性在一定程度上导致了卫生应急物资需求种类的多样性。不仅如此，由于某些突发事件涉及面广、涉及人员多，受灾环境复杂多变，处理同一类突发事件需要的卫生应急物资种类也非常多。卫生应急物资的种类需求的多样性给应急物资采购、储备管理、调运等方面带来困难，因此卫生应急物资需求显得极其重要。

2. 应急物资的数量需求　卫生应急物资需求的数量是指在突发事件发生时，为了有效处置突发事件所需要的最小物资数量。卫生应急物资需求量常同突发事件发生的地域及危害级别有关。

3. 应急物资的质量需求　卫生应急物资需求不仅体现在数量上，还更多体现在质量上。应急物资的质量需求主要体现在应急物资的准确性、可靠性和现场适用性以及成本等方面。如地震发生时，救生器材和以医药救援等生命救治类物资需求为主要，救生器材和医药救援等生命救治物资需求的质量主要体现在时效性和适用性方面。

4. 应急物资的结构需求　卫生应急物资的种类、数量和质量需求不能够完全反应整体需求情况，还必须考虑应急物资的结构需求。所谓结构需求是指应急物资各种类之间的比例关系。通常用相对比来表达这种结构需求关系。如医学救援过程中，药品品种和数量都很全，但没有相应的比例的配套医疗器材，仍无法满足现场生命救治的需要。突发事件发生的类型通常决定着卫生应急物资结构需求的比例关系，不同突发事件需要不同结构比例的卫生应急物资需求组合。

（二）卫生应急物资需求分级与分类

在决策分析卫生应急物资需求前，首先要对各类卫生应急物资需求进行科学合理的分级，如根据应急物资需求的重要性和必要性，分为优先级卫生应急物资、次优先级卫生应急物资和非优先级卫生应急物资三级。在分级基础上，再将给级别内的卫生应急物资进行分类，相关部门在得知紧急状态后第一时间即可召集、准备、采购、调运、派发优先级类的卫生应急物资，确保这类应急物资第一时间到达现场，然后就可相应准备、派发后续应急物资。这样一来，按分级和分类标准的卫生应急物资有利于整个卫生应急物资保障方案有条不紊的实施。

目前对应急物资分级和分类基本上是由相关专业人员根据其专业经验来确定的，主观性和随意性很强，不能全面、客观、准确地反映应急物资需求的级别特征，迫切需要根据突发事件特性、应急物资需求特点、建立适用的应急物资需求分级分类的指标体系，以辅助应急救援决策人员对救援应急物资需求进行科学分级与分类。

（三）卫生应急物资需求分级指标体系

因为卫生应急物资需求是一个复杂的变化过程，影响因素多，很难有一个通用且统一的分级指标体系。根据分层分级原则，对卫生应急物资需求的分级指标体系进行归类，如图4-1所示。

1. 重要性　应急物资重要性是指依托某种应急物资的本身使用属性，物资在应急处置过程中所起的作用。该指标反映了对此类应急物资重要程度的认识。物资的重要性级别越高，其对应的需求级别越高，重要性指标又包含了三个二级指标（对应急效率的影响程度、不可替代性和物资短缺导致的损失性），也可根据各二级指标的属性进一步分为若干三级指标。

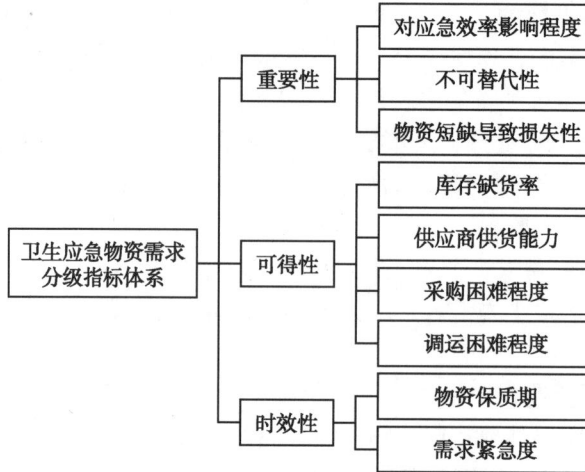

图4-1 卫生应急物资需求分级指标体系

2. 可得性　应急物资可得性指获取该物资的难易程度。如果需要的物资在事件发生现场能及时满足需要，该物资的可得性为100%，相应的需求紧急程度就很低。根据物资特性，该指标又可分为四个二级指标，如库存缺货率、供应商供货能力、采购困难程度和调运困难程度，也可根据各二级指标的属性进一步分为若干三级指标。

3. 时效性　应急物资的时效性指该物资使用效果随时间变化的重要价值，反映物资需求的时间紧迫性。如地震灾害事件发生后5天，再调运到现场的生命探测器就失去了重大价值，而在地震发生的后24小时内及时抢运到现场的消杀药品就浪费宝贵的调运资源。时效性越高的应急物资说明该物资需求越紧迫，对应的需求级别越高。时效性指标又包含了二个二级指标，如物资保质期和需求紧急度，也可根据各二级指标的属性进一步分为若干个三级指标。

三、筹措计划

（一）计划管理的原则

1. 统一计划、分级分步实施　统一计划是集中统一管理在计划管理中的具体体现，是使应急装备物资统配与保障协调有序运行，充分发挥整体保障效能的关键。

分级实施是指在统一计划下，按照各层次应急装备调配保障的分工分别结合各自的实际情况组织实施，以增强调配保障的针对性和灵活性。

分步实施是指应急装备的调配保障要根据装备需求和保障能力，分步骤地进行。特别是新研制应急装备、大型应急装备、高新技术装备，不可能一步全部到位。因此，既统一计划又分级分步实施是实现应急装备计划管理的统一性、有序性、灵活性有机结合的重要原则。

2. 系统配套、规范适用　现有应急装备物资种类繁多，系列化、通用化程度不高等因素都会程度不同地影响到形成保障力。因此在应急装备物资计划管理中应注意有计划有步骤地引导卫生装备物资调配保障向系统配套、规范适用的方向发展。尽可能地做到各类卫生装备物资齐全配套、供需对路、规范适用。

3. 统筹兼顾、突出重点　统筹兼顾、突出重点是解决当前供求矛盾的关键。应急装备物资调配保障需求面广、任务重,现阶段保障能力有限,供需的矛盾比较突出。因此在安排全面保障与重点保障上必须注意统筹兼顾、突出重点。

4. 适时适量、讲求效益　适时适量、讲求效益是指在较全面准确掌握应急分队对应急装备物资需求和实际保障能力的前提下,以尽可能少的财力、物力资源在恰当的时间为应急分队提供适量的应急装备,以获得最佳的效益。

(二)计划的种类

通常根据时间跨度、管理层次、内容特征等来划分计划的类别。

1. 根据时间跨度的不同,应急装备物资发展计划可分为:

(1)长期计划(或发展远景规划):一般期限为十年或十年以上。主要包括需求分析、指导思想、重点方向、建设目标、结构规模、能力预测、可行性分析和政策措施等。主要用来指导应急装备与物资中期计划的制订和实施过程中的重大决策,是制定中期计划的依据。

(2)中期计划:一般时限为五年,也叫五年计划(或五年规划)。应急装备与物资中期计划是卫生装备发展远景规划的具体化,在应急装备物资发展规划、计划工作中处于核心地位,在计划管理体系中起着承上启下的作用,是编制卫生装备年度计划和卫生装备经费预算的依据,它具有较强的可操作性和可考核性。

(3)短期计划(年度计划):应急装备物资年度计划是应急装备物资五年计划的具体化,依据应急装备一年计划确定的框架结构和规模,结合本年的军事后勤任务要求及经费的支撑力度而制定的具体安排和实施方案。应急装备物资年度计划是指令性执行计划,各执行部门必须遵照执行。

2. 根据管理层次的不同,应急装备物资发展计划可分为:

(1)全国应急装备物资发展规划与计划。

(2)各省市应急装备物资发展规划与计划。

(3)各市县应急装备物资发展规划与计划。

四、物资采购

卫生应急物资采购常常是以政府或其所属的事业单位为采购主体,使用财政经费。因此卫生应急物资采购须严格遵守《中华人民共和国政府采购法》规定。本节以《中华人民共和国政府采购法》为基础,重点介绍涉及卫生应急物资采购的方法、程序和合同等主要方面的规定。

(一)采购方式

1. 公开招标　公开招标应作为政府采购的主要采购方式。采购人采购货物或者服务应当采用公开招标方式的,其具体数额标准,属于中央预算的政府采购项目,由国务院规定。属于地方预算的政府采购项目,由省、自治区、直辖市人民政府规定。因特殊情况需要采用公开招标以外的采购方式的,应当在采购活动开始前获得设区的市、自治州以上人民政府采购监督管理部门的批准。采购人不得将应当以公开招标方式采购的货物或者服务化整为零或者以其他任何方式规避公开招标采购。

2. 邀请招标　符合下列情形之一的货物或者服务,可以依照本法采用邀请招标方式采购:①具有特殊性,只能从有限范围的供应商处采购的;②采用公开招标方式的费用占政府采购项目总价值的比例过大的。

3. 竞争性谈判 符合下列情形之一的货物或者服务,可以依照本法采用竞争性谈判方式采购:①招标后没有供应商投标或者没有合格标的或者重新招标未能成立的;②技术复杂或者性质特殊,不能确定详细规格或者具体要求的;③采用招标所需时间不能满足用户紧急需要的;④不能事先计算出价格总额的。

4. 单一来源采购 符合下列情形之一的货物或者服务,可以依照本法采用单一来源方式采购:①只能从唯一供应商处采购的;②发生了不可预见的紧急情况不能从其他供应商处采购的;③必须保证原有采购项目一致性或者服务配套的要求,需要继续从原供应商处添购,且添购资金总额不超过原合同采购金额百分之十的。

5. 询价 采购的货物规格、标准统一、现货货源充足且价格变化幅度小的政府采购项目,可以依照本法采用询价方式采购。

6. 国务院政府采购监督管理部门认定的其他采购方式。

(二)采购程序

1. 负有编制部门预算职责的部门在编制下一财政年度部门预算时,应当将该财政年度政府采购的项目及资金预算列出,报本级财政部门汇总。部门预算的审批,按预算管理权限和程序进行。

2. 货物或者服务项目采取邀请招标方式采购的,采购人应当从符合相应资格条件的供应商中,通过随机方式选择三家以上的供应商,并向其发出投标邀请书。

3. 货物和服务项目实行招标方式采购的,自招标文件开始发出之日起至投标人提交投标文件截止之日止,不得少于20日。

4. 在招标采购中,出现下列情形之一的,应予废标:①符合专业条件的供应商或者对招标文件作实质响应的供应商不足三家的;②出现影响采购公正的违法、违规行为的;③投标人的报价均超过了采购预算,采购人不能支付的;④因重大变故,采购任务取消的;废标后,采购人应当将废标理由通知所有投标人。

5. 废标后,除采购任务取消情形外,应当重新组织招标;需要采取其他方式采购的,应当在采购活动开始前获得设区的市、自治州以上人民政府采购监督管理部门或者政府有关部门批准。

6. 采用竞争性谈判方式采购的,应当遵循下列程序:①成立谈判小组。谈判小组由采购人的代表和有关专家共三人以上的单数组成,其中专家的人数不得少于成员总数的三分之二;②制定谈判文件。谈判文件应当明确谈判程序、谈判内容、合同草案的条款以及评定成交的标准等事项;③确定邀请参加谈判的供应商名单。谈判小组从符合相应资格条件的供应商名单中确定不少于三家的供应商参加谈判,并向其提供谈判文件;④谈判。谈判小组所有成员集中与单一供应商分别进行谈判。在谈判中,谈判的任何一方不得透露与谈判有关的其他供应商的技术资料、价格和其他信息。谈判文件有实质性变动的,谈判小组应当以书面形式通知所有参加谈判的供应商;⑤确定成交供应商。谈判结束后,谈判小组应当要求所有参加谈判的供应商在规定时间内进行最后报价,采购人从谈判小组提出的成交候选人中根据符合采购需求、质量和服务相等且报价最低的原则确定成交供应商,并将结果通知所有参加谈判的未成交的供应商。

7. 采取单一来源方式采购的,采购人与供应商应当遵循本法规定的原则,在保证采购项目质量和双方商定合理价格的基础上进行采购。

8. 采取询价方式采购的，应当遵循下列程序：①成立询价小组。询价小组由采购人的代表和有关专家共三人以上的单数组成，其中专家的人数不得少于成员总数的三分之二。询价小组应当对采购项目的价格构成和评定成交的标准等事项作出规定；②确定被询价的供应商名单。询价小组根据采购需求，从符合相应资格条件的供应商名单中确定不少于三家的供应商，并向其发出询价通知书让其报价；③询价。询价小组要求被询价的供应商一次报出不得更改的价格；④确定成交供应商。采购人根据符合采购需求、质量和服务相等且报价最低的原则确定成交供应商，并将结果通知所有被询价的未成交的供应商。

9. 采购人或者其委托的采购代理机构应当组织对供应商履约的验收。大型或者复杂的政府采购项目，应当邀请国家认可的质量检测机构参加验收工作。验收方成员应当在验收书上签字，并承担相应的法律责任。

10. 采购人、采购代理机构对政府采购项目每项采购活动的采购文件应当妥善保存，不得伪造、变造、隐匿或者销毁。

第二节 卫生应急物资质量管理

质量是指反映实体满足明确和隐含需要的能力的特性总和。质量所描述的对象是实体，实体可以是产品，也可以是活动或过程、组织、体系和人，以及以上各项的任何组合。对于卫生应急装备系统而言，它的特性可分为性能、可生产性、可靠性、维修性、保障性、安全性、经济性、时间性等要求，因此，要保证卫生应急装备的质量水平，就必须提高卫生应急装备的性能、可生产性、可靠性、维修性、保障性、安全性、经济性、时间性等特性。

一、质量管理特点

卫生应急物资作为一种特殊的产品，其管理工作贯穿于整个寿命周期。在卫生应急物资的整个寿命周期中，卫生应急物资管理部门在质量管理中起主导作用，卫生应急物资管理部门要提出质量方面的具体要求，并对研制生产和采购过程中的质量进行监督和验收，卫生应急的质量要求是核心。卫生应急物资质量管理工作具有以下特点：

（一）全员性

卫生应急物资质量管理工作是指与全体人员的质量管理工作，通过进行各级各个层次的质量管理培训，提高全员素质。全体人员必须将质量管理的概念贯彻于卫生应急装备管理的各项工作之中，实行质量责任制，才能提高装备的质量水平和质量管理工作水平。

（二）全过程

卫生应急物资质量管理贯穿于装备的整个寿命周期，包括立项论证、方案论证与确认、工程研制、生产、采购、使用、退役等阶段。因此要想获得高质量的物资，必须在装备的立项论证开始就重视物资的质量，提出性能、可靠性、维修性、保障性、安全性、经济性等方面的指标要求，纳入合同管理；必须在研制生产中，进行过程的质量监督管理；必须在使用维修过程中，建立健全质量责任制，严格按操作规程开展各项工作。这样才能获得和保持物资的质量水平。

（三）全系统

质量管理的对象应是整个物资及其保障系统。仅有应急物资，没有保障系统或保障系统不完善,应急物资就不能形成保障力。因此,在物资论证、研制生产采购的同时,必须同步进行保障系统的建设,在交付物资时,同步交付保障系统。

(四)经济承受性

获得高质量的经济上可承受的应急物资是质量管理的最终目标。费用是质量管理的约束条件,也是质量管理追求的目标。在质量管理过程中始终应强调经济可承受性,过分追求高的质量水平,势必会造成高的费用。因此在应急物资的质量管理工作中,应反复进行权衡分析,使水平与其寿命周期费用达到最佳平衡,获得经济上可承受的装备。

二、质量管理政策

为实现质量管理目标应采取如下政策或措施:

(一)建立质量责任制

要明确装备应急物资管理的归口管理机构,明确从事质量管理的各级各单位和人员的质量职责及相互关系。

(二)提高质量意识

从事和参与卫生应急物资立项、论证、研制、生产、采购、使用、维修、保障、处置的各类人员的质量意识。加强人员的质量、可靠性培训,建立质量、可靠性队伍。

(三)坚持质量标准

在卫生应急物资的全寿命管理中,必须贯彻实施有关法规、条例、标准,积极采用国内外先进的管理标准。

(四)坚持全过程管理

应用各种方法、手段及资源,控制全过程,实现持续质量的改进。抓好应急物资的全系统同步研制,重视装备从研制阶段到使用阶段的过渡过程的管理,抓好保障系统的建设并不断完善。

(五)实时评估

对卫生应急物资的质量进行评估和阶段评审,评审合格后方可转入下一阶段的工作;对物资质量进行检验和验证、鉴定与验收,以保证卫生应急用产品的质量。

(六)建立质量评定制度

实施质量保证能力评定制度,质量体系未通过认证的承制方不得承担卫生应急用产品的研制与生产任务。

(七)实时监督

运用法律、行政和经济手段对卫生应急用产品质量以及所属单位质量体系的运行实施监督。

(八)早预防,早发现

预防为主、早期投入,将预防、发现、纠正缺陷作为质量工作的重点。充分利用信息来评价卫生应急装备质量,纠正、预防缺陷,保持、提高产品质量。

(九)加强各部门之间的联系和协调

在卫生应急物资立项、研制、生产、采购、使用、维修、保障等阶段中应建立各部门配合密切、互相协同、目标一致的综合产品小组,共同承担和参与某一专业的各项活动。

三、各阶段质量管理

卫生应急物资质量管理贯穿于装备的整个寿命周期，其各阶段的质量管理，是为获得高质量的物资而开展的一系列技术与管理活动。其物资质量管理的主要内容概括为以下几个方面：

（一）应急物资论证质量管理

应急物资论证质量管理的主要内容是：应急物资论证单位建立健全质量管理体系，对论证单位质量保证能力进行评定，加强论证理论和方法研究，开展论证基础研究，加强论证单位论证手段和能力建设，加强论证工作规范化研究。加强论证人员队伍建设，完善质量信息系统建设。在应急物资论证中注意型号的综合论证，一方面要将主要应急物资和保障应急物资（系统）综合在一起，以形成保障能力为目标进行全系统的论证，另一方面要对应急物资的质量特性进行科学、系统的综合论证，提出性能、可生产性、可靠性、维修性、保障性、安全性和经济性等方面的定性、定量要求，并提出指标和验收鉴定方案。

应急物资论证单位为了提高论证质量应进行预先研究、综合权衡，采用多方案优选，强调通用性，控制新技术的采用比例等措施。

（二）应急物资研制生产的质量监督

应急物资研制生产中的质量监督管理工作主要针对研制生产单位进行。质量监督管理的目标是确保承制单位研制生产出满足任务要求、卫生应急满意的应急物资。

卫生应急物资与物资管理部门与承制方在订立合同时，应提出质量要求：包括为保证应急物资或服务质量，在合同中规定的与质量有关的技术要求、验证要求或检验要求，以及承制单位应实施的质量控制要求，同时提出的质量保证要求。合同中还应规定承制方应承担的质量责任，包括不符合质量要求的赔偿责任、售后技术服务责任等。

卫生应急物资与物资管理部门对承制单位进行质量保证能力评定，评定结果作为应急物资订货和定价的重要依据。卫生应急物资与物资管理部门应加强承制单位研制生产过程的质量检验、审核，严把最终验收质量关。

（三）应急物资使用保障质量管理

应急物资使用保障阶段质量管理的目标是保持、恢复和改善应急物资的质量水平，保证卫生应急保障和演练需要，提高卫生应急处置与救援机构的保障力。

应急物资使用保障阶段质量管理的内容是建立使用单位质量责任，建立健全各项规章制度，保证使用与维修人员严格按照规章制度使用维修应急物资，建立维修单位质量保证能力评定制度。使用与修理单位应加强质量信息的收集、分析与利用。

四、仓储管理

（一）物资入库

卫生应急物资验收入库、在库保管、出库发放、装卸运输是储备单位的中心工作，其他各项工作必须围绕中心任务来进行。

1. 验收入库　卫生应急物资验收是储备单位业务工作的首要环节，验收工作的好坏，直接影响到其他工作的完成。我国庞大的商品市场中，难免会混入一些假冒伪劣产品，因此，采购部门应从信誉好、质量过硬的大中企业厂家进货，绝对不能从不了解、不熟悉的公司和厂家采购。储备单位在接收卫生应急物资时，要严格按照有关规定进行。卫生应急物资入库前，储备单位主管部门根据上级主管部门的购置计划、订货合同等提前通知保管部门作好收货准备。保管部门根据主管部门的通知，按照卫生应急物资的性质，分类安排好货位。到达车站、码头、邮局、民航局、进出口公司（外运公司）的卫生应急物资，由储备单位主管部门负责提取，在提取时，若发现件数不符，包装破损或其他被盗丢失、异样情况时，应经本站和邮局等货运单位办理签字认可手续，并作好商务记录，待后处理。整车直接运达库区的卫生应急物资，由主管部门同保管部门接收并清点件数，办理收货手续。对在当地工厂、医药公司采购的卫生应急物资，主管部门应根据情况，组织有关人员到提货现场验收。保管部门接到入库通知后，应及时根据所规定的标准、比例进行验收入库。

2. 养护保管 卫生应急物资验收入库后，就进入了储存、保管阶段。科学、合理的保管能有效地避免外界因素对卫生应急物资的影响，延长其效能并能提高工作效率。在保管中应掌握以下几点：

（1）科学分类：卫生应急物资种类多，性质各异，要精心管理，避免混放。因此，在保管中应根据不同性质、不同剂型、不同用途、不同要求的品种进行分类码垛。常用的物资分类方法有以下几种：①按物资的应急救援用途分类：这种分类的优点是应对一种特定灾害的救援物资排放在一起，便于存取和记忆。不足之处是形成不同性质的物资混放。②按物资性质分类：按一般药品、特殊管理药品、危险品、生物制品、电子设备、卫生材料、轮式装备和其他应急物资等分库、分区、分片存放。其优点是物资性质相对集中，便于养护保管。③按物资性质和用途综合分类：这种方法兼顾了①、②之长，避免了①、②之短，比较常用。特殊管理的药品、易燃、易爆、易腐蚀、强氧化剂、还原剂、生物生化制品单独按贮藏要求存放。医疗器械、仪器设备、卫生敷料等可根据性能、用途分片划区存放。④按物资的拼音字母分类：随着现代科技的发展，高层货架、巷道车、自动码垛机、仓库计算机管理系统等的逐渐应用，传统的分类方法将受到挑战，为便于管理，按物资拼音字头分类管理也将崛起。

（2）合理码垛：根据储备管理的有关要求，卫生应急物资码垛要作好以下几点：①入库卫生应急物资应按药品、器材、敷料、医疗囊箱、其他等项分类。每类按不同剂型、性质、用途、品名、规格、批号等分别储存、定位存放。应有卫生应急物资存放示意图、类牌、垛标和必要的登记簿。②库房地面要铺设枕木或托盘作为支垫，根据情况留出墙距、垛距和走道，使储存的卫生应急物资做到"五不靠"，即四周不靠墙，垛不靠顶篷。按照国家《药品经营质量管理规范》（GSP）的规定，垛与地面的距离不小于10cm，与四周障碍物和顶篷的距离不小于30cm，垛距不小于1m，走道不小于1.5m，以利于通风，便于发放。在保证安全的情况下，尽量提高库房使用率。③库存卫生应急物资的堆垛应根据物资种类、重量、包装形式和便于机械作业来决定。通道、旁道、垛距、墙距应符合储备管理的有关规定。垛高（枕木高度计算在内）：药品、玻璃、搪瓷类，一般不超过2.5m；敷料类一般不超过3.5m；金属、陶瓷品类一般不超过2m；医疗器械、精密仪器、橡胶类及特殊性质的药材，应根据实际情况决定。④垛位要整齐，做到"三条线"即上下垂直成线、左右、前后成线。卫生应急物资码垛时，由于包装规格多，外形多样，应根据实际情况设计码垛法，但必须达到合理、牢固、整齐、节省和快速，便于收发。⑤如采用货架式存放方式，则可以将货架理解为多层托盘的摆放，按照上述要求码放。

（3）定期巡查：定期巡查即对库存物资定期进行的质量循环检查，它是掌握和及时发现卫生应急物资质量变化的有效方法。定期巡查应以入库时验收要求和标准进行。定期巡查要注意以下几点：①要认真作好记录。对所查品种、规格、批号、效期、批准文号、厂家、抽查数量，发现问题和处理意见要登记清楚，以备后查。②要逐批号、按比例进行抽查，不能弄虚作假，敷衍了事。③对易变质的药材要重点检查。④医疗器材应根据实际情况进行抽查，需通电的要通电检查。⑤对发现的问题，要及时上报处理。

（4）用好保管设施：①每天要坚持检查温湿度计读数，认真作好记录，及时调节库内温湿度，使卫生应急物资处于适宜的贮存环境中；②要经常检查库内装卸机械设备，保证机械设备处于良好状态。随时能开得动、用得上；③要经常检查消防设施，掌握使用方法，做到摆放位置合理、取用方便。

（二）物资发运

发运工作是仓储业务工作的最后环节，是直接面向用户的工作。出库发运物资要遵循以下几点：

1. 必须根据上级主管业务部门开列的物资调拨通知单或发货计划进行。库房人员不准随意动用或外借库存物资。

2. 在紧急情况下，可根据上级主管业务部门的电报、电话（必须作好记录）、办理临时出库单据先行出库，但事后必须补办手续。库房保管员以临时出库单为据发货。

3. 发货前要认真核对库存数，检查卫生应急物资质量，质量不合格、规格不符、缺件不配套、包装不牢以及未进行查验者不能发出。

4. 发货应贯彻"存新发旧"、"先进先出"原则，特殊管理的药品应严格按照其规定办理。

5. 发出的卫生应急物资，要根据其理化性质、气候条件等分别进行妥善包装。逐箱填写装箱单，箱外要有明显标志。

6. 发出的卫生应急物资在未交接前必须先离垛（笨重、大件和30件以上不便离垛者，应在原垛上作区别标志）。

7. 需发出的卫生应急物资备齐后，库房人员应认真计算品种、件数、体积、毛重、核对实发数，填写发货清单退业务部门。

8. 自行提货者，应持"物资调拨通知单"到仓库提货，仓库人员根据品名、规格、数量核对无误后点交提货人，提货人员应在凭证上签名。

9. 需要送货的品种，由仓库人员点交给运输部门，由其送到使用单位当面点交，收货人在凭证上注明实收数并签章。

10. 需要零担或整车发出的物资，由运输人员办理，并尽快索取发货回执。

（三）库房建筑要求

1. **储存环境要符合要求** 库房是贮存物资的重地，由于储存的卫生应急物资对外界条件要求比较高，所以要有专业的建筑设施。因储存要求不同可分为恒温库、冷库等。墙壁应是封闭式结构。房顶所用材料要有良好的隔热、防水与防寒性能，导热系数小，坚固、耐久。库房门窗应具密闭，坚固耐用，开关方便，维持适宜的温度和湿度，并能防止雨水侵入和适应防火安全的要求。仓库内空间不但适应于收、发，又要符合机械码垛要求。

2. **设施设备要齐全** 储备单位不但要有良好的建筑设施，还要有各种齐全的设施设备，只有这样，才能防患于未来。一是要有合格的库房避雷设施，以防雷击。二是要有一定数量的消防设施与设备，既要会用又要管好，防止丢失和损坏，以防失效。三是要有良好性能的搬运机械和车辆,对车辆及搬运机械要经常保养维护,使其处于良好状态。四是要有确保安全的电力系统。配电盘和插座要牢固,不得有明线外露,电源所用的保险丝要适当。危险品库房必须使用防爆灯具。

3. 安全措施要到位 各项安全制度要落实到位,要时时讲安全,经常抓安全,并要定期举办各种安全知识讲座,使储备管理人员既要树立高度的安全意识,又要掌握一定的安全知识。各级主管人员要深入基层,了解各种情况,掌握各种信息,对重点场所,重点部位要经常查看。保管人员要认真落实好规章制度,保证安全万无一失。

(四)储存保管人员的基本职责

保管人员在上级主管机构的指导下,负责具体组织实施储备物资收发、库房设备、工具的维护管理工作。基本职责是:

1. 按照仓库工作条例的要求,存储和保管好物资。

2. 负责物资收发、装卸、搬运,调整倒垛,登记、核对账卡,掌握物资收发数质量和配套、分布情况。

3. 负责物资的检查、检验、保养。

4. 负责所配搬运机械、自动化设施设备和库房设备、工具的管理使用、维护保养。

5. 负责检查督促分管库区、库房各项规章制度的贯彻落实。

6. 负责分管库区、库房的安全管理工作。执行安全制度规定,维护管理安全设施设备和消防器材,确保物资管理达到规定要求。

7. 定期参加业务培训,提高管理素质和业务水平。

五、质量控制

为了确保卫生应急物资使用的安全有效,能够快速响应应对突发事件的保障需要,需要定期对库存的卫生应急装备与物资开展维护保养和质量控制工作。

根据卫生应急物资目录分类,可大体分为药材类、通用物资类、轮式车辆类等。药材类可分为一般药品、特殊管理药品、危险品、生物化学药品、生物制品、卫生应急装备和卫生材料等,具体储存保管要求如下:

(一)一般药品的保管要求

药品作为一种直接作用于人体的特殊商品,其质量的稳定性有着极其重要的意义。而药品的稳定性,除了与药品本身、生产工艺、包装方式有关外,还与其储存条件和保管方法有密切关系。如储存保管不当,会使药品变质、失效,轻者会贻误病情,重者有的甚至危及患者的生命,有的还可能引起燃烧或爆炸,造成人身伤亡和财产损失。因此,保证药品质量和储存安全是一项很重要的工作。

1. 按药品贮藏项下规定进行保管 药品说明书中通常都有该种药品的贮藏项,明确规定了药品的贮藏条件,如避光、密闭、密封、置冷处或阴凉干燥处等,它是药品贮藏必须遵循的要求。因此,药材仓库应当具备各种贮藏设施和技术条件,药材保管人员必须具备相应的业务保管知识,在药品储存的全过程中,必须时时刻刻遵守不同药品的不同贮藏项下规定,以保证药品的质量正常和贮藏安全。

2. 根据药品的种类、性质进行储存与保管 不同种类、性质的药品往往对贮存条件的要求有一定的限制性。比如注射液、酊剂、水剂的储存温度就和片剂、粉剂药的储存温度有较大区别,我们在储存时,即可选择保温性能好的库房存放注射液、水剂和酊剂。再如易挥发或易燃、易爆等药品,应单独存放;人药和兽药应分库存放;内服药和外用药应分别存放。有特殊气味的药品与一般具有吸附力的药品应隔离存放等。

3. 根据药品体积、重量、出入库规律进行保管　药品堆垛应牢固、合理、整齐、定量、无倒置现象。因此,我们在库内分类时,应充分考虑药品的体积和重量,防止库内垛高差距过大和库房地面不堪重负。另外,应充分利用物流原理,从经济、快速、及时的角度考虑,根据药品出入库规律、储存时间长短和发放频率,在选择货位时加以考虑,以便区别对待。

4. 根据库房的实际情况进行保管　每个仓库,每栋库房的条件不尽相同,如有的库房保温密封性能好,有的库房设备条件好,有的库房高一些,还有的库房低一些等,这些情况也影响药品的保管和收发,我们在实施药品分类保管中,应充分考虑到这些因素,以提高对药品保管的质量。

5. 根据药品常用保管规定进行保管　如"一垫五不靠",即垛底有衬垫,四周不靠墙、垛顶不靠屋梁下弦或天花板,再如:"五张六挂"制度,即对保管员职责、库房管理规则、一日工作流程图等规定进行张贴,对收发登记、工作日记、温湿度管理登记、差错事故登记、药品检查登记、领导查库登记进行张挂,还有一些如"十防"制度、"六清"制度、"账卡物"三相符制度等,我们在药品的储存与保管中都应严格执行。

6. 根据安全、卫生、适宜的要求进行保管　合理地保温保湿确保药品有一个适宜的温度、湿度环境;及时对库房进行检查确保库房安全,经常保持库容清洁、消除尘埃;采取措施防药品的虫蛀、鼠咬;对特殊药品落实"三铁一器"和双人双锁制度。

(二)特殊药品的保管要求

特殊药品是指效期药品、特殊管理药品和危险性药品。这三类药品由于理化性质、贮存条件、保管要求的特殊性和管理上严格性,不同于一般药品,因此分别单独加以叙述。

1. 效期药品

(1)效期药品的贮藏:效期药品对温度和湿度的要求特别严格,必须按照规定的条件进行保管。一般来说,抗生素在贮存中,主要是控制温度,以相对湿度在75%以下为宜,所以抗生素必须熔封或严封,保存于干燥通风处,最好是冷藏,阴凉处亦可。生物制品一般怕热怕光,还有些怕冻,故最适宜的温度为2～10℃,并应置于暗处保存。生化制品一般应存于干燥、避光、阴凉处,密封于棕色瓶中。有的脏器制品如胰岛素、脑垂体后叶等注射液,贮存温度不宜过低或冰冻,否则会因变性而降低效力。

(2)效期药品的码垛和收发:效期药品应按效期的远近分垛堆码,同一垛中同一盘中或同一盘中的同摞中,效期相差不超过一个月,并用挂表示意。发出时应坚持"先产先出","近期先出"的原则,以防过期失效。药品效期应以最小包装上效期为准。另外效期药品应按规定及时填写"急待发出报告表"。

2. 特殊管理药品　《药品管理法》将麻醉药品、精神药品、医疗用毒性药品及放射性药品列为特殊管理的药品,实行特殊的管理办法。现将麻醉药品、精神药品和放射性药品的保管方法介绍如下(毒性药品在危险品中介绍)。

(1)特殊管理的药品硬件设置:应严格落实"三铁一器"制度,即库房应设置铁门、铁窗、铁柜和报警器。放射性药品储存应具有相应的防护装置,并在专用库房存放。

(2)特殊管理药品库的软件设置:应严格落实双人双锁制度和出入库手续,坚持进出登记,专账记录和收发双人复核制度。

（3）依据药品的性质进行保管：对于不同种类、不同性质的药品应分垛分堆保管。遇光易变质的药品，应避光保存。

（4）其他情况的处理：例如破损药品的报废，变质过期失效药品的销毁，都应报请有关部门审批，销毁时应有监销人员签字。

3. 危险药品 危险药品是指受光、热、空气、水分、撞击等外界因素的影响可引起燃烧、爆炸或具有腐蚀性、刺激性和剧毒性的药品。危险品的储存以防火、防爆、确保安全为关键，其保管方法如下：①化学危险品应根据其危险性质、等级和不同防护、灭火方法，分类储于有专门设施设备的专用库房。同类危险性质的药品，如化学性质互相抵触，消防方法不同也要分库存放。即使少量短期储存，亦应单独库房存放，并与其他库房有一定距离，隔绝火源、分类存放，并有必要的安全措施。②毒性药品、危险药品中的剧毒品、爆炸品，应严格实行双人双锁管理制度。③危险药品库内堆垛应稳固，不宜过高、过密，堆垛之间及堆垛与墙之间，应该留出一定的间距、通道和通风口，以便于搬运和检查，更重要的是可以减少隐患。④危险品的堆垛面积，通常一级危险品不得超过 40 平方米；一般危险品不得超过 80 平方米。爆炸品堆放，应整齐牢固，堆垛不宜过高并应按照公安部门和上级的有关规定的储量进行储存。⑤应适时的通风降温，必要时设置通风降温设备，防止炎热季节温度过高，影响库房的安全。⑥注意安全操作，搬运时应轻拿轻放，不得滚动、撞击摩擦、重压和倾倒。室内禁止用铁器开箱敲打，不得穿钉鞋出入库房。金属容器如盛装压缩气体的耐压钢瓶应禁止拖拉或撞击。开箱、装箱、打包等工作应该在室外进行。⑦经常检查包装容器是否严密，如有渗漏、破损、封口不严等现象，应在指定安全地点及时进行整装，或与有关部门联系处理。⑧库内严禁烟火，并要配有足够而又合适的消防器材，以策安全。

（三）生物化学药品的保管

生物化学药品大多数含蛋白质或多肽，因此，在保管时应注意它与蛋白质相似之处。脏器制品受温度的影响颇大，其主要是蛋白质的变性引起，光线亦可使其失去活性。生化药品对酸、碱、高热、光线、有机溶剂等较敏感，常须储存于干燥、避光、凉爽处。

1. 低温冷藏品保管 生物化学药品的来源不同，制剂不同，受温度的影响也不同，温度过高，使蛋白质变性。脏器制剂易长霉而败坏。温度过低使一些生物化学药品产生沉淀、冻结、凝固，并且变质失效。如三磷酸腺苷受热后易降低效价。胰蛋白酶，水溶液对热不稳定，在常温下经过 2 小时其效力损失 75%，60℃ 以上变性失效。一般以粉针制剂储存温度不应超过 20℃，溶液是新鲜配用，以防失效变性。

糜蛋白酶，是由胰腺中分离制得的一种蛋白酶，在固体状态时比较稳定，水溶液极不稳定。链激酶为白色或类白色无定形粉末，其稀溶液不稳定，溶液在 5℃ 左右可保持 12 小时，常温下要即时应用，放置稍久即可减失活力。胰岛素久存失效，注射液应原封储存于 2～10℃ 的冷处防止冻结。

2. 脏器制品保管 脏器制品受温度的影响很大，易发霉变质、生虫、发臭。主要是蛋白质的变性引起。光线也可使其失去活性，一般应储存于干燥、避光、凉爽处。酶制品大部分来自动物脏器，如胰酶来自于动物胰腺。胃蛋白酶来自于动物胃等，这些制品的储存温度不宜过高，否则酶的活性丧失很快，固体干燥品较稳定，溶液极不稳定。有的在室温条件下，在短短的几小时内效力就会损失很多，有的配好后必须及时用。所以应密封于棕色瓶中，避免受潮，置于干燥、凉暗处。有的脏器制品不宜温度过低，如胰岛素、垂体后叶素等，注射液亦不宜过低或冰冻，一般应储存在2～10℃避免冻结，否则也会变性而降低效力。

3. 效期生物化学药品保管　生物化学制品的有效期管理应针对两大矛盾加以解决，一是储存条件要求严格，温度不能过高或过低，必须按规定的条件保管，要避光，不能吸潮；二是有效期短，限时使用。一般多为两年效期，在有效期限内必须使用完，否则不可供药用。生物化学药品储存条件和保管时间对它的质量都会发生影响。生物化学药品过了有效期，就意味着药品性质的变化，如有的疗效降低，有的变性失效，有的减失活力，有的降低效价。但这些变化不是绝对的，是会转变的。如储存条件适合，保管稳妥，包装密封完好，生产工艺先进等都会给有效期的药品一定的影响。为此，保管人员对待生物化学药品的有效期限，不能把它看成是无条件的、绝对的，而要看到影响实际效期长短的因素是多方面的。在保管的过程中要创造一切有利条件，并按照有效期药品的有关规定保管，还要按照生物化学药品的特殊性质进行保管。保管人员做到：

接收药品，点验清楚。检验合格，方可入库。

有效期限，账物相符。控制温度，恰到好处。

防潮防霉，掌握湿度。期内质量，胸中有数。

不稳定者，不宜久储。避免过期，先产先出。

保管不当，责任事故。效期已满，报废论处。

4. 生物制品的保管　生物制品的性质决定其储存条件，而储存条件又直接影响到生物制品的质量。质量不好的制品可以引起严重反应，如菌苗、疫苗的菌种不好，血清、类毒素纯度低或发生污染制剂变性等。接种后都可引起人数较多的严重反应。

（1）蛋白变性：生物制品是用微生物及其代谢产物制成或人和动物的血液及组织等制成的制品。从化学成分上看，多具有蛋白质性质，而且有些制品就是活的微生物。因此生物制品一般都怕热、怕光，有些还怕冻，所以保存条件会直接影响到生物制品的质量。生物制品一般温度愈高，保存时间愈短，蛋白质变性愈快。因此运输人员对此类制剂收货时，接到提货通知单及时提货，夏天提货防止太阳暴晒，尽量减少在自然温度下的停留时间。货物发出时要采取措施，如用专用的冷藏箱等，并与运输部门联系快发、快运减少车站、民航、码头压货。保管人员接到货物，点清数量、查清性状、看清储存条件，及时放入适宜的温度下保存。生物制品最适宜的储存条件是2～10℃阴暗处。除痘苗、小儿麻痹等活疫苗及干燥制品不怕冻结外，其他制品一般不能在0℃以下保存，否则就会冻结，造成蛋白变性，融化后发生大量溶菌或可能出现摇不散的絮状沉淀而影响免疫效果，甚至会加重接种后的反应，以致不能使用。

（2）对热的敏感性：各种生物制品对热的敏感性是根据其性质和质量不同而有所区别。一般活菌苗，活疫苗最怕热，如麻疹疫苗及液体卡介苗，在室温放置效力就明显下降，因此需要在2～10℃保存；霍乱、哮喘等死菌苗，一般可在室温保存；精制抗毒素、吸附精制类毒素、斑疹伤寒疫苗等虽较稳定，但最好保存在2～10℃。如储存环境温度愈高，则会影响质量，缩短效期；痘苗、小儿麻痹活疫苗、黄热病活疫苗最适宜的保存温度为 −20℃～−30℃，其他制品则不能在0℃以下保存。保管人员对这类制品要熟悉各自的性质，以便采取相适应的措施，了解其性状掌握外观变化。生物制品大部分为乳白色混悬液体，也有微黄、红、棕等其他颜色的澄明液体。有的放置较久，菌体、吸附剂等发生沉淀，经振摇仍能很快均匀分散并不影响质量,如不能很快摇散或出现絮状,就影响免疫效果,不可使用。

(3)过期失效:生物制品多标有失效期及有效期,如过期即不可使用。为了防止生物制品过期失效、变质,生物制品检定法规贮存规则第七条规定"凡超过规定贮存时间之半成品或过期之成品,除另有规定经再次检定可以延长效期外,须由库中提出废弃之"。生物制品的保管,应严格按照有效期药品管理规定进行管理,并严格按照规定的储存条件、包装标签、说明书上的标注加以妥善保管。对同品种的效期药品,则应按生物制品的失效期远近,掌握先近后远的原则进行发运。

(4)包装:生物制品多为安瓿熔封包装。除个别制品(如脊髓灰质炎活疫苗糖丸)为口服外,均为注射剂。因此生物制品若为铝盖锁口橡皮塞玻璃包装的制品,铝盖锁口不紧,瓶塞发生松动或温度变化,则容易漏气,或粘瓶结块。生物制品除痘苗、小儿麻痹等活疫苗及干燥制品不怕冻结外,一般不能低于0℃以下。对这类制品的保管要特别注意,既怕热又怕冻。

(四)卫生应急装备的保管

1. 创造良好的保管环境 卫生应急装备牵涉到学科广泛、结构复杂,不同原材料制成的产品,其保管的条件不一样。高精密的仪器要求恒温恒湿。一般的器械及材料,温度应保持在5～25℃,相对湿度保持在70%以下。

2. 确保包装质量完好 包装的好坏直接影响卫生应急装备在保管和运输中的安全和质量。由于卫生应急装备的性质、形状、规格和要求各异,包装的材料、方法、内外容器也不相同。泡沫塑料,因其可塑性、有弹性,并可按仪器的形状塑成内包装衬垫,广泛用于精密仪器,光学和玻璃仪器的内包装。某些复合材料如铝塑薄膜用来密封某些精密仪器以防潮、防尘。玻璃仪器之间必须有弹性填充物隔开,防止震动与碰撞。某些有刃、尖锐的金属器械,应有保护其刀刃和尖锐部分的固定填充物,并保存在盒内。某些怕震动的仪器,如X线机的球管在包装箱内应有弹簧固定,防止震动影响。卫生应急装备的外包装多数采用坚固的木箱或金属箱、皮箱,并根据卫生应急装备的大、小尺寸、形状规格设计制作。内部还要根据不同装备选好垫物,确保设备与箱子填充严实以保护装备的安全。

3. 保管卫生应急装备的常用措施 养护是保护卫生应急装备质量的重要措施。在仓库贮存、运输及使用过程中,由于自然因素和人为因素的影响,其质量在不断地变化,为了防止和减少各因素对卫生应急装备的损坏,必须采用积极的养护措施。

金属器械的养护主要是防锈蚀。一般采用金属被覆法、油质被覆法、可剥性塑料被覆法、气相防锈法等。库房内应注意控制空气中的湿度和腐蚀性的有害气体。

对电子仪器或其他精密的卫生应急装备,如未开封的应按原密封存放,注意固定和防震,严密控制湿度和腐蚀性的气体侵害。如有开封的装备应经常通电、防尘,经常检查零部件的完整和性能状况。

对橡胶及塑料制品类的卫生应急装备主要是防老化。除要控制温湿度外,可采用撒滑石粉以防粘连。注意密封,减少与空气的接触,采用遮光措施以防紫外线的影响。对管型、袋形器械应存放在容量足够大的容器内,不能挤压、弯曲、避免互相或与其他锐器金属接触,以防硬伤。

(五)卫生材料的保管

卫生材料一般是指敷料、缝合材料和其他固定材料等。敷料占大部分,通常采用柔软,不易散落,吸水性强,能经受各种灭菌措施的纤维材料制成。其原材料分为棉纤维、化学纤维和其他植物纤维三类。

1. 棉纤维敷料的保管　棉纤维在保管过程中,常受温度、湿度、日光、氧气,及真菌等有害因素的影响,根据棉纤维的性质,采用科学的保管方法,将各种有害因素控制在一定条件下,以防止或减少敷料的变质损坏。

(1)贮存环境:纤维敷料应贮藏于干燥通风的库房内,相对湿度60%~65%、温度25℃左右,环境湿度越大,敷料含水量也越多。在温度适宜的条件下,真菌生长繁殖,使敷料霉烂、变质。敷料库房内应禁放酸、碱及易燃易爆物品,以免腐蚀或引起火灾。特别应重视防火、防鼠咬、防虫蛀等措施。贮存敷料的橱柜、箱子等应保持清洁,并用浸过0.2%漂白粉溶液或其他防霉药液的抹布擦拭,以防真菌生长。

(2)分类存放:根据敷料的类型及数量,应设置搁架、柜子、箱子等保管设备,分类贮存。灭菌与未灭菌的应分开存放。灭菌敷料应注明灭菌日期,储存时间过久时应进行检查,证明无菌方可应用。露置在架子上的敷料应妥善盖好,防止污染。

(3)分装要求:大包装的敷料,分装时应注意环境清洁,搬运时禁止沿地滚动或用钩子钩挂,以免污染损坏。灭菌敷料禁止拆封,外面保持清洁,发出时必须检查包装是否完好。

(4)敷料保养:当敷料出现霉点或需要灭菌时,要注意科学保养。高温灭菌和长时间日光暴晒,是敷料损坏的另一个重要因素。因此,在热压灭菌时应禁止任意提高温度或延长时间,通常以120~126℃,30~45分钟为宜。洗涤后需要干燥的敷料,应以晾干或100℃以下烘干。

2. 化学纤维的保管　化学纤维制品由于它们的优良性能,比棉纤维制品容易保管。一般贮存在清洁、干燥、阴凉的库房内。除粘胶纤维制品以外,大多数化学纤维制品易发霉,一般应避免暴晒,不能用高压灭菌消毒,避开热源和易燃制品。具体制品应根据化学纤维的特性,采用不同的保管方法,见表4-2。

（六）轮式车辆的保管

轮式车辆类主要包括急救车、防疫车、手术车等卫生技术车辆和应急保障车辆,储存保管要求如下:

1. 车辆底盘储存保管

(1)车辆存放要求:车辆保管应当做到数量准确,质量完好,并符合下列要求:①按照新车、堪用车,以及车种、厂家、型号、出厂时间分类存放。②库存车辆应当摆放整齐,按序编号,车与车、车与墙之间保持适当距离,留出消防通道。③库存车辆不得露天存放,特殊情况确需临时露天存放时,应并作好防护,及时转入库内。

(2)蓄电池保管要求:①应当在充电间集中统一保管,并根据规格和质量分别存放。②摆放整齐,保持清洁、干燥,每月补充充电一次。③新存入的蓄电池要进行技术检测,发现问题及时处理。④建立蓄电池账卡,及时记录保管、维修、充放电和收发等情况。

(3)车辆保养要求:库存车辆保养分为入库保养、例行保养和封存保养。①入库保养:入库保养是在车辆接收入库时所进行的保养,主要包括以下项目:一是清洗车辆,擦拭各部机件;二是检查、紧定各部装置,按规定调整轮胎气压;三是检查机油、制动液液面高度,排净储气罐气体;四是卸下蓄电池(有特殊要求的车辆除外),将连接线接头涂上润滑脂,连同盖板、固定螺栓放置妥当;五是回正方向,将变速杆置于空挡,放松手制动和发动机盖挂钩;

表 4-2 不同化学纤维的保管方法

化纤名称	密度	吸湿率 20℃ RH 65%	热性能	耐日光性	耐酸性	耐碱性	耐氧性	耐虫蛀及霉菌
黏胶纤维	1.5~1.52	12.0~14.0	不软化不熔融，在260～300℃变色不分解	强度稍有下降	热稀酸、冷浓酸能降低其强度	强碱可使其膨润，强度下降	强氧化剂漂白强度不变	能抗虫蛀但易受真菌侵蚀
聚酯纤维（涤纶）	1.33	0.4~0.5	软化点238～240℃；熔点255～260℃；在火焰中徐徐燃烧	优良	35%盐酸、75%硫酸、60%硝酸对其强度无影响	10%强碱液28%氨水对强度无影响	有良好的抵抗性	良好
聚酯纤维（锦纶6）	1.41	3.5~4.0	软化点180℃；熔点215～220℃；在火焰中能燃烧	不佳，强度降低，颜色变黄	浓强酸能使其分解，稀酸无影响	50%强碱液28%氨水中强度不降低	有良好的抵抗性	良好
聚酯纤维（腈纶）	1.41~1.17	1.2~2.0	软化点190～230℃；熔融前分解易燃烧	极好，强度几乎不降低	35%盐酸、75%硫酸、60%硝酸对其强度无影响	50%强碱液28%氨水中强度不降低	有良好的抵抗性	良好
聚酯纤维（维纶）	1.26~1.30	4.5~5.0	软化点140～230℃；熔点165～173℃在火焰中徐徐燃烧	优良	浓强酸能使其分解，稀酸无影响	50%氢氧化钠中强度不降低	有良好的抵抗性	良好
聚酯纤维（丙纶）	0.91	0	软化点220～231℃；熔融前分解，在火焰中徐徐燃烧	不佳，日晒后强度降低	除硝酸等氧化酸外，对其他酸抵抗性能良好	浓氢氧化钠液对其强度无影响	抵抗性优良	良好
聚酯纤维（氨纶）	1.39	0	软化收缩温度60～90℃；熔点200～210℃难燃	良好	浓盐酸、浓硫酸对其强度无影响	50%氢氧化钠液、浓氨水中强度不降低	抵抗性优良	良好

六是露天存放的车辆应当锁好门窗，密封排气管、油箱等发动机管口。②例行保养：例行保养是对未封存车辆所进行的保养，主要包括以下项目：一是清洁车辆，擦拭各部机件；二是检查有无渗油、漏水、跑气现象，及时排除故障；三是适时晾晒坐垫等棉麻制品，并采取防霉措施；四是每月转动曲轴15～20圈，每季发动一次。③封存保养：露天存放3个月以上，库房存放半年以上的车辆，应当实施封存。封存内容除入库保养项目外，还应当放净燃油、密封发动机的主要管口和燃油箱口、解除轮胎负荷等（对周转车辆和厂家有特殊要求的车辆，可酌情采取相应的保养方法）。封存车辆应当定期进行保养，主要包括以下项目：一是每周清洁一次车辆，检查封存情况；二是每月检查一次轮胎气压，必要时予以补充；三是每3个月晾晒一次坐垫等棉麻制品；四是每3个月检查一次制动液、动力转向油等液面高度，必要时予以补充；五是每半年检查一次各部润滑油，如有缺少或变质，应进行补充或更换。

2. **上装设备储存保管**　上装设备储存保管要求可以根据上装设备的特点和理化性质参照有关规定具体执行，每3年，最好对车辆进行一次室外的驾驶训练，使得整车可以进行磨合、保养。每次训练结束后，再次按照车辆封存要求进行储存。

通用物资类主要包括个人防护用具、各类帐篷、各种标识等后勤保障物资，储存保管要求可根据物资的具体理化属性组织进行，例如个人防护用具中防护服、防护口罩等属于化纤纺织品类可以参照卫生材料相关条款执行；橡胶手套、帐篷等属于橡胶制品类可以参照卫生应急装备中橡胶或塑料类相关条款执行；其他通用后勤保障物资或有特殊要求应急物资的储存保管可参照使用说明或有关规定执行。

第五章 >>>

卫生应急装备调配使用与维护保养

第一节　卫生应急装备的动用与运输

一、装备的动用

卫生应急装备的动用与使用是发挥卫生应急保障效能的重要途径和手段,是日常管理的关键环节。

(一)动用的概念

卫生应急装备动用,是指卫生应急力量平时使用卫生应急装备的统称,它是卫生应急装备使用管理的重要内容之一。目的是控制卫生应急装备的动用数量和使用寿命,以保证卫生应急能力。通常分为日常动用、试验动用、应急演练动用和应急保障动用。

日常动用是指平时卫生应急力量的正常训练、生活保障等使用卫生应急装备。试验动用是指执行试验、试用任务需使用卫生应急力量装备。应急演练动用是指卫生应急力量为完成应急演练任务使用装备。应急动用是指抢险救灾或执行其他应急任务需使用装备。装备动用的比例、数量和审批办法按规定执行。库存装备的动用需经相应装备管理机关批准。

(二)装备动用要求

1. 严格执行动用规定　日常标准动用:卫生应急力量必须严格执行相关文件规定的日常动用装备的比例、数量和审批权限,不得超标准动用。

应急动用:抢险救灾或执行其他任务需动用装备时,动用卫生应急装备的单位应及时逐级上报,经批准后,方可动用;特殊情况下,可边动用,边报告。

试验动用:执行试验任务需动用卫生应急装备时,应按隶属关系逐级上报,经批准后,方可动用。

库存装备动用:代国家库存保管的装备,未经国家相关批准,不得擅自动用。紧急情况下需要动用代国家库存的卫生应急装备时,要边动用边报告。动用战略储备的装备,按规定执行。

2. 严格制定和执行动用计划　统一制定的卫生应急装备动用计划,是控制卫生应急装备动用的基本手段和措施。应急力量正常训练所需的装备,应制定年度动用计划,并严格按批准的计划执行。临时动用卫生应急装备,应当报经上一级领导批准,并由卫生应急装备主管业务部门统一安排、派遣。

3. 严格控制动用范围 专用卫生应急装备不得挪作他用,是应急力量自觉执行装备动用计划的具体体现,也是卫生应急装备管理的基本要求。应急力量应统一组织、控制装备的动用范围,对于一切卫生应急活动,应按有关规定执行。如任何单位和个人都不得动用卫生应急装备从事经营活动,超出本级动用权限的卫生应急装备,如代国家库存、按规定代为保管的卫生应急装备,都不得动用。卫生应急装备的编制、配备和动用范围的规定,具有法律效力。违反规定擅自动用卫生应急装备的行为,属于违法违纪行为。有关责任人要对行为后果承担法律或纪律责任。

4. 严格操作规程 严格操作规程是对卫生应急装备动用的技术要求,也是保证正确动用卫生应急装备的根本保证。经批准可以动用的卫生应急装备,应严格按照卫生应急装备动用的目的、编配用途、技术性能、操作规程动用,不准将急救车、装载通信指挥平台越野车等专用车辆作乘坐车使用,不准将医用纯水装置、数码摄像机数码照相机、查毒用笔记本电脑等作为日常办公用等。

(三)装备动用规定和审批权限

装备动用权限是国家赋予的对所属装备实施控制、指挥管理和调动的权力。确定装备动用权限的依据通常是:装备的性能、用途,装备的动用目的,装备动用的程度、范围等。装备的动用权限是卫生应急力量动用装备的重要根据,确定装备动用权限是卫生应急实施装备管理的重要措施。

确定装备动用权限应区分装备的种类、数量及其性能、用途。对主要装备与非主要装备,对大量装备与少量装备及单件装备的动用,其动用权限的确定应有所不同。对库存与非库存,对试用新型装备、参加试验的装备和执行其他任务的装备动用,其权限应有所区别。对应急情况与非应急情况的装备动用,在制定装备动用权限时应针对不同状况具体处理。

卫生应急装备是保障和维护人民群众生命与健康的物质基础与条件,必须要以对党和人民高度负责的政治责任心,管好卫生应急装备,从严掌握动用标准和审批权限。因此,要对下列四种情况作出严格的规定:一是抢险救灾或执行其他应急任务需要动用装备时;二是执行试验试用任务需要动用装备时,及结合应急演练动用装备时;三是各单位代国家库存的装备,应急力量在紧急情况下需要动用本级库存的装备时;四是特殊情况下需要动用储备的装备时,要制定具体的规范性要求,以有效地控制装备动用数量和比例,确保卫生应急装备的应急保障作用。

二、装备的运输

(一)卫生应急装备运输的原则

卫生应急装备运输是卫生应急装备保障过程中的重要内容和关键环节,卫生应急装备的运输不同于一般装备的运输,它具有时间紧迫性和需求紧迫性。在卫生应急装备运输过程中,应当遵循以下原则。

1. 高速 卫生应急装备的运输追求高速是由应急装备的特点和所发生事件的特性所决定的,也是卫生应急装备保障目标实现的基础,直接关系到应急救援工作的成败。

2. 安全 卫生应急装备运输工作必须强调安全第一,若应急装备不能安全到达事件现场,不是去救援反而被救援,这将极大影响卫生应急装备保障工作的效率,进而影响卫生应急工作的开展。

3. 高效　卫生应急救援持续时间通常很长,这就要求应急装备运输能够反复高效地进行,追求时间空间效率,提高卫生应急装备保障效率。

4. 准确　在突发事件发生的第一时间里,要求把最急需、能够发挥重要作用的应急装备运输到事件现场,这就要求卫生应急装备运输工作必须能够准确地组织开展。

(二)卫生应急装备运输的方式

卫生应急装备的调用分为非紧急调用和紧急调用两类情况。非紧急调用是指与突发事件响应无关的应急装备调用,其调用方式与一般装备调用类似。紧急调用是指与突发事件响应有关的装备调用,卫生应急保障部门应根据应急指挥部门要求与安排,确定调用装备数量、品种,确定运送方式和路线。在限定时间内调集到待定的地点,发挥其应急保障作用。在紧急调用前,要制定详细的调用预案,后续应急装备补充预案等详细计划,作好卫生应急装备保障的各项准备工作。

应急装备运输同普通装备运输方式一样有 5 种,只是运输的要求更高、速度更快,更注重其应用的时效性和准确性。各种运输方式特点及应用范围见表 5-1、图 5-1～图 5-4。

表 5-1　卫生应急装备运输方式的适用范围和技术运行特征比较

运输方式	铁路	公路	航空	水路	管道
适用距离	中长途	中短途	中长途	长途	中长途
运载规模	大	小	小	大	大
运输能力	强	强	弱	最强	最弱
运行速度	快	快	很快	慢	很慢
运输频率	高	很高	高	有限	连续
运营成本	中	中	高	低	很低
可靠性	很好	好	好	有限	很好
可用性	广泛	广泛	有限	很有限	专业化
适用情况	大宗应急装备长途干线运输	支线和末端运输配送	紧急运输、空投运输	二次或补充运输	气体、液体紧急供应保障
应急装备运输类型	一般级、严重级、紧急级	一般级、严重级、紧急级	严重级、紧急级	一般级	严重级、紧急级

注:表中将应急装备按使用的紧急情况分为一般级、严重级、紧急级三级

图 5-1　铁路运输

图 5-2　公路运输

图 5-3　飞机运输

图 5-4　轮船运输

　　卫生应急装备的运输方式要综合运用各种运输方式，要充分考虑运输途中的地理条件、环境因素和可能出现的困难，制定详细的运输方案，运用各种现代运输技术，如地理信息系统（GIS）、全球定位系统（GPS）、车辆运行线路安排系统（CVPS）和可视化技术等。以各种现代运输方式，如托盘化运输、集装箱运输、智能化运输、甩挂运输等来保障卫生应急装备运输过程的顺利实现。

　　在完成应急装备运输基础上，为保障应急装备能够及时到达事件处置现场，需要对应急装备的进行科学的配送。一般来说，应急装备配送方式有 5 类，各类配送方式及其适用范围见表 5-2。

表 5-2　卫生应急装备配送方式与适用范围比较

分类	定时配送	定量配送	定时定量配送	及时配送	超前配送
配送特点	准时	定量	准时、定量	及时、不确定	超前、预防性
配送类型	一般级、紧急级	一般级	一般级、严重级	严重级、紧急级	严重级、紧急级
配送种类	(2)、(6)、(7)、(11)、(12)	(1)、(2)、(3)、(4)、(5)、(6)、(7)、(8)、(9)、(11)	(2)、(3)、(7)、(10)、(11)、(12)、(13)	(2)、(3)、(4)、(5)、(8)、(11)	(2)、(3)、(6)、(10)

　　注：应急装备按用途可分为 13 类：(1)交通运输类；(2)工程建材类；(3)防护类；(4)生命救援类；(5)生命支持类；(6)通信器材类；(7)照明器材类；(8)器材工具类；(9)工程设备类；(10)救援运载类；(11)临时食宿类；(12)环保处理类；(13)动力燃料类。按使用的紧急情况可分为一般级、严重级和紧急级三类，按使用范围可分为通用类和专用类

第二节　卫生应急装备的维护与保养

一、装备的使用

　　卫生应急装备的使用，是通过应急装备的保障属性来发挥其技术性能的过程。组织卫生应急装备的正确使用是卫生应急装备与装备日常管理的重要一环，是保证卫生应急各项任务顺利完成的必要途径。各级应急力量应充分发挥卫生应急装备的技术性能，提高卫生应急装备的使用效能。各级卫生应急装备与装备管理部门应指导和督促应急救援队正确使用、保管和保养装备。

（一）正确使用

保证卫生应急装备的正确使用，是卫生应急装备与装备日常管理的重要任务，是保证卫生应急保障任务顺利完成的必要途径。卫生应急装备的正确使用，是指使用卫生应急装备的单位和人员严格按照卫生应急装备的编配用途、技术性能、操作规程和安全规定使用卫生应急装备，应加强卫生应急装备操作人员的技术训练，使其熟练掌握操作技能，严格遵守操作规程，正确、规范、安全地使用卫生应急装备，防止违章操作和超强度、超负荷、超范围使用。

按编配用途使用卫生应急装备。各种卫生应急装备都有规定的编配用途，它是由卫生应急装备本身的技术性能、卫生应急保障任务的需要决定的，是为特定卫生应急目的服务的。只有严格地按照编配用途使用卫生应急装备，才能充分发挥每一种卫生应急装备特定的应急保障效能。因此，平时非经上级特别批准，应急时非特殊情况不得任意改变卫生应急装备的编配用途，不得挪作他用。

按卫生应急装备的技术性能和操作规程正确、安全地使用卫生应急装备。卫生应急装备的不同用途是由其技术性能体现的，性能不同则用途不同。如不能按性能和规范使用，就有可能影响技术性能的正常使用，情况严重时还会造成卫生应急装备损坏和人员伤亡。对于复杂的应急装备系统来说，如果在操作使用的任一环节上违背性能和技术要求，就可能使整个装备系统失灵或失控，造成重大的社会和经济损失。因此，应加强应急装备操作使用人员的训练，使他们熟练掌握操作技能，严格遵守操作规程，正确、规范、安全地使用应急装备。

（二）控制使用

按规定控制使用应急装备，就是应急力量平时对应急装备实行计划限量使用。控制使用的措施之一是确定合理的封存比例，其要求是既能满足卫生应急训练和卫生应急值勤的需要，又能最大限度地将暂时停用的应急装备封存保管起来。控制使用的措施之二就是限制某些在用应急装备，特别是一些重要在用应急装备的使用，以防止应急装备发生故障和技术状况的下降，给以后的使用造成不利影响。如为防疫防护装备、快速鉴定检测装备、急救装备和手术装备等规定使用限额，以防止无节制使用，造成技术状况出现整体滑坡。

（三）特殊条件下卫生应急装备使用

1. 高温条件下的卫生应急装备使用 加强防潮、防热、防霉烂工作。要防止过热；露天的机动装备要就地取材，加以遮盖，要搞装备擦拭、保养；要注意防止光学仪器发霉，电子元件设备要经常通电驱潮。

2. 低温条件下的卫生应急装备使用 机动保障车辆低温使用时，要按规定加温、保温，低温条件下使用装备时，动作要平稳，显微镜等的光学仪器在使用过程中要避免温度骤变。

3. 污染条件下的卫生应急装备使用 做好防护工作，现场实施应急救援时要采取措施尽量减少损失，完成保障任务后要搞好卫生应急装备维护保养。保养前，应对卫生应急装备进行污染或辐射剂量进行检查，超过标准时，要进行洗消；对轻微损坏的卫生应急装备，应尽快检查排除故障，迅速恢复和保持完好工作状态。

装备维护，亦称装备应急维护，即为了保持卫生应急装备的良好技术状态，在应急救援环境条件下所采取的预防性技术措施及相关活动的统称。卫生应急装备种类多、技术要求多样、应急使用时间长和强度大，只有进行大量的装备维护工作，才能使装备随时处于良好的可用状态，保持较高的完好率。

二、装备的维护

（一）装备的任务量预计

在应急救援中,科学准确地预计装备维护的任务量是合理地组织实施装备维护的前提和依据。装备维护任务量通常按照以下步骤进行预计:

首先,根据卫生应急救援队即将遂行的应急救援任务和救援环境条件等因素,预计每种装备可能的使用时间或强度。

其次,根据即将投入应急救援的各类装备的数量和分布情况,当前的技术状态和维护保养规定,以及具体的应急救援环境对装备维护的影响,分别计算对各类装备进行定时维护或定程维护的总任务量,以便根据应急救援进程,合理地选择和确定进行装备维护的时机、顺序和方法等。

再次,根据进行维护保养的有关要求和规定,具体计算实施装备维护所需的人力、器材和时间等因素,为在应急进程中科学地实施装备维护提供可靠的基础数据。

在预计装备维护的任务量过程中,应当主要把握:一是要注重定性分析与定量分析方法的结合,突出定量方法的运用,尽可能量化表示装备维护任务量。二是要注意与装备损坏预计结合起来进行,在预计装备维护任务量时,应当考虑装备的损坏率和损坏时间分布给装备维护带来的影响。三是在预计装备维护任务量时,还应当特别注意分析战场环境条件对装备维护的影响,充分考虑因战场环境的特殊因素而增加的装备维护任务量。

（二）装备维护的时机

在卫生应急救援中,装备维护的时机应当根据卫生应急救援的进展情况,装备使用要求,应急救援环境的允许程度,装备维护所要求的时间、人员、器材、设备和环境条件,以及拟采取的维护方法等因素,灵活选择实施装备维护的时机。通常应当利用卫生应急救援展开前准备阶段的有利时机和条件,对装备实施集中的强制性维护。在卫生应急救援实施各阶段,则充分利用救援间隙、阶段转换、卫生应急救援队进行调整等有利时机,将多种维护方法结合起来灵活实施。

（三）装备维护的方法

在卫生应急救援中,应当根据平时维护的规定和要求,结合卫生应急救援各阶段装备维护的客观条件,灵活地选择维护方法。

1. 集中进行与分散实施相结合 在卫生应急救援中,应当依据装备维护的不同时机和条件,采取集中进行与分散实施相结合的方法进行。对装备实施集中维护的时机,通常是在卫生应急救援展开前准备阶段或卫生应急救援中出现的较长救援间隙。对装备实施集中维护时,应当依据各类装备的技术性能、用途和使用要求,针对救援中易发生的使用问题,规定具体的维护措施,对主要救援装备特别是急救、手术、防疫防护、快速鉴定检测、消杀灭和辐射测量等技术装备,制定切实可行的装备维护补充规定;指导卫生应急救援队对所有救援装备进行战前强制性保养、检修,并派出技术力量定点或巡回检查卫生应急救援队的维护保养工作,协助卫生应急救援队解决各种技术难题,必要时可使用维修力量直接参与主要救援装备的维护行动,确保卫生应急救援队装备的完好率和参战率。对装备实施分散维护,其时机较为多样;通常只要有一点时间,装备使用或操作人员就应当主动地对装备进行一定的维护,具体内容可以由卫生应急装备与物资管理部门或装备维护人员根据装备的状况和使用时间、器材和设备等条件灵活确定。

2. 定时（定程、等级）**维护与视情维护相结合** 各类装备通常都有相应的定时、定程或等级维护的具体要求和规定。但是在卫生应急救援条件下，特别是在应急救援实施各阶段，往往受应急救援环境条件限制或维护器材、设备等因素的限制，难于按规定的要求进行定时、定程或等级维护。因此，在卫生应急救援中，必须将定时、定程或等级维护的方法与视情灵活维护的方法结合起来实施装备维护。在时间允许、条件具备时，应当尽可能按照规定对装备实施定时、定程或等级维护；在时间不允许、条件不具备时，则应当根据装备的具体技术状况和实施装备维护的具体条件，灵活地选择装备维护的范围、方法和手段，重点对影响装备救援使用和机动的核心部位实施维护，目的是要保证装备处于能够担负应急救援和机动任务的某种状态。通常在应急救援展开前应当按照规定对装备实施定时、定程或等级维护；应急救援中则主要采取视情维护的方法保证装备的技术状态。

3. 按规定要求维护和针对重点维护相结合 无论是定时维护、定程维护和等级维护，还是使用前维护、使用中维护和使用后维护，都有相应的维护内容、方法、技术标准与要求等。但是在卫生应急救援实施过程中，往往难以严格按规定的内容、方法和技术标准与要求对装备进行维护。因此，应当将按规定要求进行维护和针对重点进行维护结合起来，针对不同的时机和情况灵活地对装备进行维护。通常应急救援展开前应当尽可能按规定要求对装备进行全面的维护，救援中则主要针对影响装备正常使用的重点内容和要求进行维护；在时机和条件允许或者战后，再进一步按规定要求对装备进行全面的维护。

（四）装备维护的组织

装备维护的组织，是卫生应急装备与物资管理机关一项重要工作。通常应当采取上级卫生应急装备与物资管理机关统一组织和指导与下级卫生应急装备与物资管理机关自行组织实施相结合的方法，组织装备维护工作。无论采取上述哪种方法，卫生应急装备与物资管理机关都应当注意做好以下具体工作。

1. 制定装备维护计划 装备维护计划，是组织装备维护的重要依据。通常应当在预计装备维护任务量的基础上，按照卫生应急救援的发展阶段及其允许进行装备维护的条件等因素，对各卫生应急救援队实施装备维护的时机、方式、方法和措施等作出预先安排。装备维护计划应当明确各卫生应急救援队在卫生应急救援各个阶段应当完成的装备维护任务，进行装备维护的时机、地点、方式、方法和应当采取的主要措施，装备维修机构协助各卫生应急救援队进行装备维护的组织方法，有关技术人员向卫生应急救援队提供指导和咨询的方式、方法和手段等，装备维护所需的零备件、设备、工具和仪器的保障措施等。根据需要和可能，装备维护计划既可以单独拟制，也可以纳入装备技术保障计划，作为其内容的有机组成部分拟制。

2. 下达装备维护指示 下达与装备维护有关的指示，是卫生应急装备与物资管理机关指导或组织卫生应急救援队实施装备维护的主要手段。有关装备维护的指示，可以作为装备保障指示的有机组成部分，集中下达给卫生应急救援队；也可以作为单独的内容，分别下达有关卫生应急救援队。装备维护指示通常包括以下主要内容：装备维护的时间、内容、方法和要求，应当着重采取的有关措施；装备技术力量协助和指导装备维护的任务区分和行动规定，补充或提供各种维护所需的各种零备件、设备、工具和仪器的方法和顺序等。

3. 提供技术咨询和指导 卫生应急救援队在实施装备维护的过程中，经常会遇到各种难以处置的技术难题。各级卫生应急装备与物资管理机关应当组织一定的技术力量对卫生应急救援队的装备维护工作提供技术咨询和指导。主要方法有：将有关技术人员编组成若干技术指导小组，分赴卫生应急救援队进行巡回检查和指导；调集若干名精通装备的专家和工程技术人员，组成技术攻关小组，专门研究解决卫生应急救援队在装备维护中遇到的技术难题，并利用网络和视频通信手段，对卫生应急救援队装备维护实施远程指导；派出经验丰富的维修人员前往遇到技术难题的卫生应急救援队，直接协助其进行装备维护。

4. 保障零备件、设备、工具和仪器的供给 零备件、设备、工具和仪器等，是实施装备维护的重要物质条件。各级卫生应急装备与物资管理机关除了要履行装备维护的组织和技术指导职责外，还有一项重要职责就是应当及时为卫生应急救援队提供装备维护所需的零备件、设备、工具和仪器等。这些物资除了可以按统一的器材保障计划向卫生应急救援队供应外，还可以根据实施装备维护的具体需要，及时采取多种计划外补充的措施予以供应。通常应当组织器材保障力量将这些器材逐级送到被保障的卫生应急救援队，对于一些特殊的或急需的物资器材，还可以采取直达补充的方法，越级送到使用单位。

三、装备的检查、封存与启封

（一）检查

检查是卫生应急装备管理的一项经常性工作，也是卫生应急装备与物资技术保障的重要内容。其目的是掌握卫生应急装备与物资的数量、质量和配套状况，以便及时维修、补充、更新和改进管理工作，确保装备经常良好的应急状态。装备检查包括检查计划的制订和检查的组织与实施等。

1. 装备技术状况检查的基本要求 组织实施技术检查，要做到优质、及时、安全和高效。

（1）优质：就是要确保检查的质量。检查的质量包括检查率和准确率两方面，前者反映装备检查的全面程度，后者反映检查的结果与装备实际状况的符合程度。检查率的计算公式如下：

$$检查率 = (实际检查数 / 实有装备数) \times 100\%$$

准确率是检查结果准确数占检查总数的比例，用百分数表示。可用下列公式求得：

$$准确率 = (检查结果准确数 / 检查数) \times 100\%$$

检查结果准确数包括两个部分：一部分是检查结果不完好的准确数；另一部分是检查结果完好的准确数。例如某单位检查 100 件卫生应急装备的技术状况，检查结果有 95 件是完好的，5 件是不完好的。而通过多次复查发现第一次的检查结果与装备的实际技术状况不符，发现完好数 95 件中有 5 件是不完好的，而 5 件不完好数中有 2 件是完好的。故第一次检查得出：

$$准确率 = [(95-5)+(5-2)] / 100 = 93\%$$

（2）及时：进行技术检查，是为了及时发现问题，处理问题。所以，检查一定要按规定的时机进行，否则就失去了检查的意义。

（3）安全：技术检查必须确保人身安全和装备安全。

（4）高效：技术检查要通过合理组织，周密分工，加强训练，改进工作，在确保质量和安全的前提下，提高作业效率。效率的高低，以检查装备的数量同耗费的工时之比值来衡量。

2. 技术检查的组织实施

（1）技术检查计划的制订：装备技术检查计划应根据卫生应急装备与物资管理部门年度工作计划和卫生应急救援队当时的任务等，会同规划财务有关部门制订，经领导批准后，以规划财务部门、卫生应急装备与物资管理部门的名义颁发执行。制订计划时应充分考虑到装备的数量和技术状况、参加检查人员的数量和水平、检查工具、设备的状况等情况来确定检查的组织形式。对检查实施进度的控制，可采用表格和网络图法加以控制。

（2）人员、物资、技术的装备：在检查前作好各种准备是确保检查顺利进行的重要条件。人员准备包括：人员名单的确定，人员的编组和分工（包括领导小组、专业检查小组若干个、物资保障小组等），人员的培训。物资准备包括：场地的选定和准备，检查工具和维修工具、设备的准备，备件、劳保用品、消耗性材料、登记统计表格的准备，以及被检查卫生应急队装备的准备等。技术准备包括：准备好技术标准文件、装备技术档案，确定检查范围，统一检查标准、方法、要求等。

（3）检查质量和进度的控制：在实施过程中，检查工作的重点是质量和进度的控制。在检查中可采用分类随机抽样的方法，从每类已检查的装备中，按随机原理抽取一定数量（或比例）进行复查，统计出检查登记正确的项次、不正确的项次、遗漏项次，计算出检查、登记的准确率（正确项次与复查总项次之比）。达不到要求指标的进行返工。在保证检查质量的基础上，还应进行检查进度的控制。为此，需及时调整力量或任务，必要时也可适当修改计划。

（4）检查结果的分析与处理：检查结束后，应及时统计各种数据并进行分析和处理。①根据《装备完好率标准》评定装备完好率，对各个单位和装备的质量状况和管理情况作出评价，并填写《卫生应急装备与物资管理技术状况统计报告表》上报上级业务部门；②评定装备的质量等级，履行装备转级和报废的报批手续；③填写装备技术档案（或履历书）；④分析损坏规律，找出原因，提出预防措施。可采取排列图法找出存在的主要问题，然后再进一步分析原因，订出措施；⑤对检查工作进行总结和评比；⑥制订待修品维修计划；⑦积累装备损坏规律的资料，为制订零、配件的申请、制作和储备计划及向有关部门反映装备质量状况作准备。

（二）封存

装备的封存是指对暂时不用的装备进行油封或密封状态的保管封存保管是保持装备完好，提高装备的战备程度和减少维修费开支的有效措施。

1. 封存计划 装备的封存应根据封存任务以及应急救援队的实际情况制定周密的实施计划。其内容主要包括封存的组织领导、装备普查、技术骨干的培训、试点、封存中维修力量的使用、分工、以及时间进度等。使封存工作按计划、有组织地实施。

2. 培训技术力量 封存前，要适时对参加封存人员进行培训，熟悉技术规程，统一封存项目、封存工等技术标准，为维修和封存打下良好的基础。

3. 进行装备普查或点验 封存前首先要对装备的数量、质量进行普查或点验，并进行附品、工具的清点，检查配套情况，认真进行登记统计，做到项项有记载，封存有依据。

4. 封存实施 完成封存准备后，应适时将有关人员编组成清洗、除锈、沾油、封贴、配套、包装等作业小组，全面展开装备封存工作。

一是进行技术处理。要对拟封存装备进行检修，恢复其技术性能。同时，应补充短缺附件、工具,配齐装备的附件备品。还要对装备进行清洗和表面处理。在对装备进行技术处理的过程中,应确保不损伤装备。

二是进行封存。对装备实施封存时,要严格遵守技术规范,如操作中断时间较长,必须采取暂时性保护措施。封存装备应着重做好维护与保养这两项关键工作。封存装备应强调采用科学而简易的技术。封存方法很多,应根据使用环境、分类和封存时间进行选择。除了按要求进行维护保养外,还可视情使用防机械和物理损伤的包装、防潮包装、防水耐油包装、可剥性塑料涂层和充氮封存等方法。无论采取哪种方法封存装备,都应做到利于运输、存放,便于启封。

三是检验。封存的每一道工序都应有相应的检验项目和要求。如封存包装前,应检验包装材料的质量;装备清洗后应检验表面清洁度,看有无异物、悬浮物或沉淀物。对封存软包装的材料应进行减压保持试验,以检验其密封性能。封存完毕的装备最后还要进行相应的试验,经质量检验确实不符合技术要求和标准的,不能入库存放。

(三)启封

启封装备必须严格控制,确需启封的,应当由卫生应急装备与物资管理机关报本级领导批准后实施。

封存装备要制定启封方案,并按方案对人员进行必要的训练,保证在遇有应急情况时,能迅速实施装备的启封。封存装备启封的主要要求是:

1. 接到装备启封的命令后,应进行装备启封工作。自启封装备上拆下的用于封存的设备(如去湿机等)、测量仪表(如湿度计等)和器材应妥善回收,将其中尚可使用的进行维修收藏,留待以后其他装备封存时继续使用。

2. 负责装备封存期间管理的部门应将封存装备的履历书和装备在封存期间的技术状况记录等文件完整地移交给使用该装备的应急救援队或交给承担该装备启封维修的部门,为以后的使用提供历史资料。

3. 应急救援队在接收启封的装备时,应进行详细的检查,按清单清点装备及随装备携带的备用品、工具等。所有交接事项均应有文字记录和交接双方负责人的签字。

四、装备的保管、保养与定级

(一)保管

装备保管是指装备的保存及其相关管理活动。装备的保管形式主要有:仓库储存,室内存放,场地停放,随身携带等。各级卫生应急装备与物资部门应当组织应急救援队严格按照职能分工和各类装备的保管规定、要求,妥善保管装备。

各级卫生应急装备与物资部门应具体负责主管装备的保管、指导、检查、督促有关工作的落实,并组织相应的技术保障。通常情况下,应急救援队主要负责携行卫生应急装备与物资的保管工作。

装备保管应着眼卫生应急准备,确保安全和质量。

应根据保管的实际需要,不断改善装备的储存保管环境,做好安全防卫工作;

应分类存放并定期检查保养,做到"四无"(无丢失、无损坏、无锈蚀与无霉烂)、"三相符"(账目、实物与卡片相符),全面提高装备的保管质量;

应通过"三定"(定主管领导、定管理部门、定使用保管人员),各司其职,各负其责,分工合作,密切配合,共同做好应急装备的配备、仓储、使用和维护等管理工作,保持正规、统一、良好的保管后勤秩序和应急准备秩序。

(二)保养

装备保养是装备使用过程中的一个重要环节,其目的是及时恢复和经常保持装备的完好状态,保证装备按照战术技术性能和用途正常使用。

各种装备都有规定的保养时机、种类(一、二、三级保养等)、范围、内容以及人力和资源(油料、零配件)消耗标准等。一般情况下,装备运行了一定的时间或里程后,即应按规定进行某一种保养。保养的主要内容是:清洁、调整、紧固、润滑、加添油液、补充备品备件,以及检测诊断、排除故障等。

(三)定级与转级

装备的定级与转级是根据规定的技术标准确定装备的技术等级,是对装备技术状态进行确定的重要途径和手段,是装备日常管理的工作之一。

1. 装备定级与转级的要求　装备定级,根据国家制定统一规定的技术标准,对装备质量进行的技术状况的等级区分。装备在使用或储存过程中受诸多因素影响,其质量特性必然发生变化。因此,装备使用和随时掌握装备质量特性的变化情况,是充分发挥装备效能,提高管理效益的基本要求。

装备的定级与转级应符合以下要求:

(1)定质量分级标准是装备质量分级的依据:对于不同类型的装备,应由卫生应急装备与物资管理部门组织制定不同的质量分级标准。质量分级标准的级别划分和各质量等级的具体技术参数和指标,应能正确地反映装备的实际技术状况和质量状况,以便于区分装备等级,制定相应的使用、储备和维修计划,达到装备分级管理的目的。制定质量分级标准,应抓住能够客观反映装备质量等级技术状况的主要方面(如机动装备的磨损量、发动机的工作小时等),确定关键的量化参数数值。

(2)严格区分装备质量等级:区分装备质量等级时,必须符合国家颁发的各种装备质量等级技术标准。不允许把尚能使用或尚有维修价值的装备提前列入报废装备中,也不得为掩盖管理中存在的问题而放宽标准,把已不能使用且无维修价值的或可能发生危险的装备定为堪用品。确定具体装备的质量等级时,应对大型装备逐件(部)进行技术状况检查和评定。质量等级评定结果应经有关卫生应急装备与物资管理部门批准予以确认。装备的质量等级评定结果应按登记入档、上报,以便各级管理部门掌握。

(3)定级与转级手续完备:装备质量发生较大变化时应当及时转级。应根据装备技术状况变化速度,确定装备的转级评定时机。当装备经检查、鉴定、确认应当转级时,应填报有关文书,按批准权限上报,经批准后方可转级。

2. 装备等级划分　装备在使用和储存过程中,一般来说质量是逐渐下降的。通常依据质量状况将装备区分为新品、堪用品、待修品和废品四个质量等级。

(1)新品:经检查合格出厂的新产品,未经应急救援队携行使用的新装备,储存年限符合规定,且配套齐全,能用于卫生应急、演练等。

(2)堪用品:全部性能或基本技术性能符合规定的要求,质量状况良好;能用于卫生应急、演练或执行其他应急任务的装备。堪用品包括的面比较广,为了实施分级管理,有些装备可根据其剩余寿命(如发动机的剩余摩托小时等),将堪用品进一步细分为一级堪用品、二级堪用品……等。一般情况下，剩余寿命在 50% 以上的为一级堪用品，在 20%～50% 的为二级堪用品，20% 以下为三级堪用品。

（3）待修品：指需要送工厂维修的装备。这一等级的装备，不维修不能用于应急保障、演练任务，且不能由使用应急救援队自行维修，需大、中修才能用于卫生应急、演练。

（4）废品：达到总寿命规定，且无延寿、修复、使用价值的装备，或者未达到总寿命规定，但是已经无修复、使用价值的装备，以及超过储存年限并影响使用、储存安全的装备，均视为废品。

第三节　卫生应急装备的维修与报废

一、装备的维修

装备维修，是为恢复装备的技术状态而采取的各种技术措施以及相关活动的统称。其主要包括：故障装备的维修，损伤评估、应急抢修和后运维修等。它直接关系到装备的应急保障出动强度，关系到应急救援队的持续救援能力，影响着应急处置与救援的保障行动和应急实力。

（一）装备维修的方式

维修方式是指维修工作进行的时机和类型。可分为事后、定时和视情 3 种维修方式。

1. **事后维修**　指仪器使用到不能使用，即出现故障时才进行维修。其优点是部件的工作寿命能得到充分的利用，维修工作量少，能最大限度地避免人为差错和早期故障。它适用于故障率不会随使用时间的增加而增高，或故障规律尚不清楚的装备。其局限性是对故障将会导致严重后果的维修项目不能采用此种方式。

2. **定时维修**　指按装备与物资的工作期限，不管设备的状态如何，到了规定的期限就进行预防性的定时维修。其优点是维修时间明确，便于组织计划实施。还可以发现早期故障萌芽，延长设备无故障工作时间及仪器的寿命，直到防患于未然的作用，有时甚至能起到事半功倍的作用。这种预防性维修是医疗仪器维修中非常值得提倡及重视的一种。它适用于故障率会随着使用时间的增加而增设的设备或其部件。其不足之处是针对性较差，有可能造成时间及费用的浪费。

3. **视情维修**　指根据仪器各部件的实际技术，通过不间断地或定期检查来确定维修的时机。这是在装备的技术状况劣化到规定的下限时，将其分解维修，而避免发生故障的一种修理方式。其特征是用检控技术定期地或连续地监控装备的技术状况，发现有故障征兆时立即维修。由于卫生装备种类繁多，又缺少相应的监控手段，这种维修方式目前在卫生装备中的维修中开展还不普遍。

（二）装备维修的规模

按照装备故障操作的程度及维修技术的难易程度，装备的维修可分为大修、中修、小修。应急装备在运转、使用中发生的一般故障和机件损坏应当进行小修。应急装备主要总成或者关键部件出现严重磨损和损坏，需要修复或者更换，应当进行中修。应急装备全面磨损和损坏，造成工作性能和技术指标严重下降，需要经过修理，恢复装备固有可靠性的，应急进行大修。

（三）维修的方法

装备维修方法主要有原件维修、换件维修、拆拼维修、应急维修和按技术标准维修等。装备维修应当根据快速高效完成维修任务的需要，灵活地运用这些维修方法。

1. 原件维修、换件维修和拆拼维修　原件维修、换件维修和拆拼维修是在不同时机、条件和范围内对装备进行维修的三种方法。在卫生应急处置与救援中，应当着眼于在最低的维修级别，以最快的维修速度，最大限度地保障卫生应急装备的应急技术性能，实际工作中应灵活运用这三种维修方法。

（1）原件维修：即对故障或损坏的零部件进行调整、加工或其他技术处理，使其恢复到所要求的功能后继续使用的维修方法。原件维修需要一定的设施、设备和一定等级的技术人员等维修资源的支持；大多数情况下需要将零部件拆下后维修，耗时也较多。因此，后方维修较适宜采用这种方法；现场应急维修在没有零部件、元器件可用，而时间和环境又允许时，也可以采用。

（2）换件维修：即使用完好的备用零部件、元器件或总成、模块等更换故障、损坏或报废的零部件、元器件或总成、模块的维修方法。换件维修可以缩短维修时间，加快维修速度，节省人力物力资源，较快地将故障或损坏装备修复重新投入使用。同时，换件维修很多情况下可以在装备损坏现场或附近进行，对维修工具以及维修人员的技能要求也不高。因而它是卫生应急处置与救援各阶段，特别是卫生应急处置与救援实施阶段广泛使用的维修方法。为了有效地进行换件维修，装备维修机构应当注重掌握对装备进行换件维修规律的基础上，特别重视配备装备的零部件、元器件和总成、模块等维修器材，以及相应的拆卸与安装工具。

（3）拆拼维修：即指经过批准，将暂时无法修复或报废装备上的可以使用或有修复价值的部分总成或零部件拆卸下来，更换其他装备上损坏的总成及零部件，从而利用故障、损坏或报废装备重新组配完好装备的维修方法。采用这种方法，可以在紧急情况下，最大限度地修复故障和损伤装备，并再次投入应急保障使用，减少装备的损失，有限地缓解维修器材的紧张或短缺状况。采用拆拼维修方法通常要报请卫生应急装备与物资管理部门批准。紧急情况下，也可以先机行动，事后向及时报告。

2. 应急维修和按技术标准维修　应急维修和按技术标准维修是性质和目的不同的两类维修方法。其对装备的恢复程度是不同的。在卫生应急处置与救援中进行装备维修时，为了最大限度地在应急处置与救援实施的有效时间内"再生"卫生应急装备，应当优选采用各种应急维修方法。

（1）应急维修：即对损坏或故障装备的零部件，采取临时应急性的技术措施，以维持其一定战术技术性能的维修方法。如采取旁路、切换等方法将损坏装备的有关部分进行重新架构，以应急代用品来替换故障、损坏的零部件，采取粘结、堵漏、捆绑、短接等临时措施来维持装备可用性的方法都属于应急维修方法。应急维修可以使损坏装备暂时恢复到基本可以使用的状态，在紧急情况下可以发挥重要作用。但是，各种应急维修方法都有局限性，既不能保证维修质量，也不能保证完全恢复装备的应急技术性能。因此，任务完成后通常应当进行恢复技术性能指标的正常维修。

（2）按技术标准维修：即根据装备的技术标准和相应要求，由规定的人员使用规定的设施、工具、设备和器材等，按照规定的技术要求和工艺流程所进行的旨在恢复装备技术性能指标的维修方法。在卫生应急处置与救援中，装备的后方维修可以较多地采用这种维修方法。现场应急维修在条件具备、情况允许时也应当尽可能采用。

二、装备的报废

装备超过使用寿命期限，或因综合性能指标下降，技术落后，经维修后也无法达到使用要求的装备，及其他原因不宜继续装备应急救援队伍使用的，一般作报废处理。

（一）报废的分类

对装备的报废进行合理的分类，再根据不同的报废类型采用相应的处废方法，将有利于提高处废工作的效益。报废主要有以下几种：

1. 应急报废 在应急处置与救援过程中毁伤而不能修复的装备的报废属此类。在卫生应急处置与救援中，因装备运行条件差，使用频次高，工作负荷繁重，环境条件恶劣，毁伤程度严重，报废装备的可利用部分相当有限。

2. 自然报废 指装备在使用、储存过程中，由于自然磨损、锈蚀、老化、变质等原因使其性能严重下降，没有使用价值和维修价值的报废。其中又可分为在用装备自然报废和在储装备自然报废两种。从可回收的利用品数量讲，前者经长期使用，加上反复维修，能回收作储备的零、部件数量有限，大部分只能作冶炼的原料；而后者则相反，只要能无损拆卸，大都可以作为装备的堪用备件予以储备，回收率相当高。

3. 自然灾害报废 指装备因受到水的浸泡、泥沙淹埋、火灾焚烧、雷击等自然灾害的侵袭而造成的失效报废，这类报废虽有偶然性，但有时也会造成很大的损失。因该类报废大都锈蚀、破损严重，零、部件的回收利用率较低。

4. 维修报废 指装备在维修过程中因违反维修规程、操作失当、错装、维修技术低劣等原因造成装备严重损坏、超差而列入报废。该报废数量虽小，但也是一种报废类型。

5. 性能落后报废 指装备在长期储存或使用期间由于性能过于落后，停止在应急救援队使用而列入报废。这类报废数量相当大，不能忽视。

6. 自身缺陷报废 指装备因设计、制造方面的缺陷而造成的报废。虽然这种报废大多是局部结构件的报废，但某些重要的部件的损坏，危及整个装备的安全。

7. 事故报废 指装备在使用和存贮中因违章操作、野蛮装卸、车祸等原因造成的报废。随着管理水平的提高，该类报废的数量在减少。

（二）报废装备的处置

1. 定点回收 报废装备定点回收是指在用装备经过转级技术鉴定，并获准报废后，有关单位要按计划组织力量统一回收，分门别类地加以妥善保管，留待作进一步的处理。装备报废是按计划进行的，每年都有一定量的装备实施报废。为保护环境与安全，有效发挥收旧利废作用，应建立报废装备回收、处置定点单位，按卫生应急装备与物资主管部门的统一计划，切实履行职责。要本着组织得力，回收及时，保管妥善，处置合法，废物升值的原则，把报废装备的回收和处置工作，当作装备建设和维护社会稳定的大事认真抓好，抓出成效。

2. 储存备用 储存备用装备主要指退役装备。储存一定批量的退役装备用于应付紧急势态，弥补卫生应急消耗和新装备不足。

3. 用于教学和演练 用于教学和演练的新技术装备极其有限，一般利用退役报废下来的堪用装备或退役装备。

4. **收藏**　有重要历史意义的卫生应急装备,应妥善保管,不能自行处理。涉及国家秘密的退役、报废卫生应急装备必须进行技术处理,防止泄密。

5. **拆件留件留用**　拆件留用是解决卫生应急装备维修经费不足和器材短缺的有效途径之一。对改善应急救援队维修条件,提高装备完好率,减少失修率等将起到一定的作用。

6. **作废旧物资处置**　应急救援队对已批准退役、报废的应急装备的处理,要按照上级规定的时间和要求,有组织、有计划地进行。应严格统计登记。并根据需要由卫生应急装备与物资管理部门统一保存必要的样品和资料。退役、报废的装备,应根据不同情况,充分利用,如作教学、演练、拆件留用、作非应急使用或作废旧物资回收处理等。

(三)处废的方法

1. **销毁**　对报废卫生应急装备与物资采用拆毁、烧毁、化学分解或深埋等方法,使卫生应急装备与物资失去危险性。拆毁是指对废品及其元件和零部件进行分解、拆卸,是危险性很大的作业。废品拆卸使用专用工具或采用自动化设备进行,并要求废品拆毁处理较彻底,物资回收率较高。烧毁是指对毒、麻、精神类药品或污染严重的应急物资废品处理的方法。对能烧毁的应急物资废品分别投入烧毁炉或在野外进行烧毁。化学分解或深埋是指对具有放射性或被放射沾染的应急物资进行销毁的处费方法。毒、麻、精神类药品和放射性物资的处理程序按国家规定的要求交由公安或专业机构处理。

2. **毁形**　对废品装备采取拆、砸、割、焊、熔炼等手段破坏其原形,使其丧失原有使用性能而转为废品材料。废品装备毁形处理,应根据各类装备不同情况分别确定,有保存价值的装备应留作样品备用,有的转入教学演练用或拆件利用,有的则作全部报废和部分报废处理等。对不便保存样品的应保存模型、图片、声像片等作为历史资料。

3. **加工转化**　拆毁的装备及零部件经过技术鉴定,合格件进行清洁包装,转作零备件使用;无使用价值的金属零部件送工厂熔炼或改制维修配件;非金属零部件采用改造工艺、深化加工、复制再生产或原材料。

对非常规装备的报废处理应按有关规定执行。

第六章 >>

卫生应急物资保障的培训和演练

第一节 卫生应急队伍装备使用的培训和考核

一、单件装备培训和考核

（一）培训目的

卫生应急专业装备种类分为医疗救援装备、传染病防制装备、中毒救援装备、核和辐射救援装备及心理干预装备五类，装备种类繁多，使用和操作各有不同的要求。通过培训，使现场应急人员掌握单件装备种类、使用方法、操作和简单的维修技能，确保应急人员在应急救援及处置工作中具备较好的装备操作能力，是完成应急救援任务基本要求。

（二）培训内容

装备使用的培训包括卫生应急专业物资种类、参数、功能、使用条件、使用原则、使用方法、注意事项、局限性等。此处以个体防护装备使用的培训为例，阐述卫生应急专业单件装备使用的培训内容。

1. **个体防护装备的功能** 个体防护装备是指为了保护突发公共事件卫生应急人员免受化学、生物与放射性污染危害而穿戴的服装、眼罩、手套和呼吸器，以阻断现场环境中有毒有害物质的侵害的装置。

2. **个体防护装备的种类、防护对象、使用方法**

（1）气体中毒类：A级防护：能对周围环境中的气体及液体提供最完善、最严格的防护。防护装备包括：①全面罩正压空气呼吸器；②全封闭气密化学防护服；③防化学防护手套；④防化学防护靴；⑤安全帽。

防护内容：防护高蒸汽压、可经皮肤吸收的致癌和高毒性化学物；可能发生高浓度液体泼溅、接触、浸润和蒸气暴露；接触未知化学物（纯品或混合物）；缺氧。

穿戴顺序：步骤1：在着装前必须对防护服进行检查和压力检测，确保服装完好，着装要有另外一个人帮助；步骤2：如环境温度低，要在防护服目视镜里面涂上防雾剂；步骤3：防护服内穿长衣裤，衣裤上不要有笔、首饰、证章等可能损坏防护服的物品；步骤4：脱掉鞋（穿附带有长筒靴的防护服时可省去这一步），袜子套在裤脚上；步骤5：按要求检查携气式个体防护器及其连接，但此时不要佩戴；步骤6：将双脚放入外套靴里，拉下套靴上面的罩，将裤子提起，站起扎上腰带；步骤7：打开空气供应装置，佩戴面罩，确定供气系统工作正常；步骤 8；将手臂和头放入防护服里，拉上拉链，合上拉链覆盖；步骤 9：助手检查确定拉链及拉链覆盖是否拉紧，面罩视野是否清晰，所有空气管路是否紧密结合。

脱去顺序：步骤 1：在气罐尚有足够空气时离开工作现场；步骤 2：如果在现场解除了有毒化学物、致病微生物等，要在脱去前用水冲（或用消毒液喷洒）等方法去除致病物；步骤 3：按穿防护服相反的顺序脱去防护服，脱去时勿接触防护服上可能沾染有化学物的地方；步骤 4：如果可能，对防护服进行全面清洗、检测，以备再次使用；步骤 5：如果防护服不能进行洗消，应用安全的方法将防护服抛弃。

B 级防护：适用于环境中的有毒气体（或蒸气）或其他物质对皮肤危害不严重时。防护装备：①全面罩正压空气呼吸器；②头罩式化学防护服；③防化学防护手套；④防化学防护靴；⑤安全帽。

防护内容：防护能经皮肤吸收或对呼吸道造成危害的已知气态毒性化学物质；缺氧。

穿脱顺序：参照 A 级防护。

C 级防护：适用于低浓度污染环境或现场支持作业区域。防护装备：①空气过滤式呼吸防护用品；②头罩式化学防护服；③抗化学防护手套；④防化学防护靴。

防护内容：非皮肤吸收有毒物；毒物种类和浓度已知；浓度低于 IDLH（立即威胁生命与健康）浓度；不缺氧。

穿脱顺序：参照 A 级防护。

D 级防护：适用于现场支持性作业人员。

防护装备：衣裤相连的工作服或其他普通工作服、靴子及手套。

防护对象：现场冷区或冷区外的人员。

穿脱顺序：参照 A 级防护。

（2）传染病类：以呼吸道传染病个人防护配备标准及使用说明为例。呼吸道传染病防护分为一、二、三级防护标准，一级防护装备包括医用工作服、医用工作帽、一次性连体隔离服、普通 12 层纱布口罩、医用乳胶手套、鞋套；二级防护装备包括杜邦防护服、N95 或 P3 口罩、防护眼罩、医用乳胶手套、防护鞋及鞋套；三级防护装备包括杜邦防护服、正压头盔呼吸防护器、防护眼罩、医用乳胶手套、防护鞋及鞋套。

穿戴防护用品顺序：步骤 1：戴帽子；步骤 2：穿防护服；步骤 3：戴口罩；步骤 4：戴上防护眼罩；步骤 5：穿上鞋套；步骤 6：戴上手套，将手套套在防护服袖口外面。

脱防护用品顺序：步骤 1：摘下防护眼罩，放入消毒液；步骤 2：解开防护服；步骤 3：摘掉手套，将里面朝外，放入黄色塑料袋中；步骤 4：脱掉防护服，将里朝外，放入污衣袋中；步骤 5：将手指反掏进帽子，将帽子轻轻摘下，里面朝外，放入黄色塑料袋中或污衣袋中；步骤 6：摘口罩，一手按住口罩，另一只手将口罩带摘下，放入黄色塑料袋中，注意双手不接触面部；步骤 7：脱下鞋套或胶鞋，将鞋套里面朝外，放入黄色塑料袋中，将胶鞋放入消毒液中；步骤 8：洗手、消毒。

（3）核和辐射类：防护装备有：N95 口罩、防护服、线手套、塑料手套、橡胶手套、防护鞋。

穿戴防护用品顺序：步骤 1：戴 N95 口罩；步骤 2：防护服；步骤 3：穿防护鞋；步骤 4：戴线手套；步骤 5：戴塑料手套；步骤 6：戴橡胶手套。

脱防护用品顺序：步骤 1：脱防护服；将里朝外，放入污物袋中；步骤 2：脱下防护鞋，放入污物袋中；步骤 3：脱掉橡胶手套，将里面朝外，放入收集橡胶手套的污物袋中；步骤 4：

脱掉塑料手套,将里面朝外,放入收集塑料手套的污物袋中;步骤5:脱掉线手套,将里面朝外,放入收集线手套的污物袋中;步骤6:脱N95口罩;步骤7:淋浴冲洗。

(三)培训方法

1. 理论讲解　由教员讲授装备的基本知识、装备的性能和功能介绍、装备的操作技能及使用方法及注意事项。

2. 现场演示　由教员演示装备的标准操作方法。

3. 学员试操作　在教员指导下,由学员实际动手操作使用装备,应确保参加培训的培训人员通过试操作学会装备的使用和操作方法。

(四)考核评估

1. 学员的评估考核　考核评估采用100制的方法进行,分为基本知识笔试和实际操作两部分,笔试部分40分,实际操作60分,满分100分,两部分成绩合计60分以下为不及格,60～70分之间为及格,70～80分之间为良好,80～90分之间为优良,90分及以上为优秀。

2. 培训内容的评估考核　采用无记名问卷和座谈会的方式进行,通过无记名问卷(非常适用、基本适用、不适用),由学员填写;或召开学员座谈会,对培训内容围绕非常适用、基本适用、不适用三个层次进行座谈、讨论,回答非常适用、基本适用合计人数在60%以下为不及格,60%～70%之间为及格,70%～80%之间为良好,80%～90%分之间为优良,90%及以上为优秀。

3. 培训教员的考核评估　采用无记名问卷和座谈会的方式进行,通过无记名问卷(不及格、及格、良好、优秀),由学员填写;或召开学员座谈会,对教员的培训水平按不及格、及格、良好、优良、优秀五个等级进行座谈、讨论,回答及格、良好、优良和优秀合计人数在60%以下为不及格,60%～70%之间为及格,70%～80%之间为良好,80%～90%分之间为优良,90%及以上为优秀。

二、装备集成培训和考核

近年来,随着突发事件卫生应急工作的开展和现场实际工作的需要,装备集成使用成为应急装备发展的趋势,越来越多的先进集成装备研制成功,极大地提高现场特定条件下对装备合理组合和使用的能力,使得应急物资装备更具有灵活、方便、快捷的特点,功能更强大。例如:移动检测车,由车辆、电气、防护、检测设备、定位装置、小型气象站、固定观察窗、空调、冰箱等单件装备集成,具有使用灵活、方便、快捷的特点,更体现预警、采样、报警、分析等集为一体的强大功能,可实时监测空气中生物粒子浓度;采集空气和环境表面样本并保存;初步自动、半自动检测生物因子;自动实时测定环境参数,初步分析可能的污染范围。生物粒子计数器可以连续工作16小时;空气微生物采样器采样流量1000L/min;自动检测多种生物因子;并能使用对车辆进行定位。

(一)培训目的

通过对装备集成的培训,应急人员熟悉应急物资集成的概念、配置及相关技术要求,掌握集成装备的性能和操作技能。

(二)培训内容

集成物资的概念、功能、配置、使用条件、注意事项、使用方法及操作技能。以卫生防疫消毒杀虫车(以下简称消杀车)为例,阐述集成装备的培训内容。

1. **基础知识** 包括集成物资概念、配置、功能及相关技术要求。

（1）现场消毒杀虫使用的物资包括车辆、药品、喷雾器、发电机及一些辅助设备，为了携带、使用、保管灵活、方便，功能更完善，将单件物资合理、科学集成消杀车。

（2）主要配置 HDW-I 型多用途喷雾机、SHP-800 背负式喷雾机、SS150FOG 热烟机、KDE6500E3 柴油发电机组等。

（3）功能：用于消杀室内外环境的细菌和蚊蝇等媒介昆虫。药液灌装满一次消毒的累加面积不小于 500m² 或每小时对室外环境的杀虫处理面积不小于 100 000m²。多用途喷雾机喷雾量为 2～4L/min，多用途喷雾机枪喷雾量大于 8.2L/min，背负式喷雾机喷雾量为 3.2L/min，烟雾机喷雾量为 0～34L/h。

（4）主要用于传染病暴发现场、自然灾害期间传染病防治现场室内外环境消毒杀虫。

（5）自然环境条件适应性指标：工作温度：−25～46℃；储存温度：−55～70℃；相对湿度：≯95%（25℃时）；天候：无雨、微风条件下工作；海拔高度：≯3000m；超过 3000m，允许因海拔高度增加引起动力下降而导致的作业能力降低；道路：能通过四级公路和急造军路。

（6）现场环境及后勤服务适应性要求：三防：符合 GJB1692 中 C1B1N1 级要求；防火：车体材料应具有阻燃、自熄性，车内配置灭火器；装载运输：应能适应铁路平车、船舶、大中型运输机装载运输；补给供应：油料、消毒、杀虫药液等消耗品应能在卫生应急物资供应保障体制中解决。

（7）人员要求：经过技术培训的驾驶员（兼操作员）1 名，防疫人员 2 名。

2. **消杀车集成物资使用方法、操作规程及注意事项** 卫生消杀车消杀设备包括多用途喷雾机、热烟机和背负式喷雾机三种。可实施超低容量喷雾、常量喷雾和喷烟雾。使用前，应详细阅读并理解使用说明书，并严格按操作程序进行操作。

（1）多用途喷雾机的使用操作

1）操作程序：步骤 1：折叠篷架；步骤 2：测量工作地点的风向和风速，确定行进方向，行进方向应能使药物吹向杀虫区域；步骤 3：启动多用途喷雾机，喷雾；步骤 4：关机；步骤 5：展开篷架。

2）使用方法：①篷架系统的折叠与展开：篷架折叠：步骤 1：扭开车厢两侧和后部固定篷布的纽扣（图 6-1）；步骤 2：打开后翻门（图 6-2）；步骤 3：打开固定在后翻门上的踏步板（图 6-3）；步骤 4：将后部篷架杆向上推，到位后固定（图 6-4）；步骤 5：打开车厢两端固定篷

图 6-1 扭开纽扣

图 6-2 打开后翻门

架的固定装置（图6-5）；步骤6：推动两侧篷杆，使篷架折叠（图6-6）。篷架展开：按折叠操作顺序相反的程序展开软篷，固定篷架和篷布。

图6-3　打开踏步板

图6-4　折叠后部篷架

图6-5　打开固定装置

图6-6　折叠篷架

　　②多用途喷雾机使用操作：步骤1：启动前检查药液箱、燃油箱、电瓶电解液、机油等应在正常数量状态；步骤2：启动发电机：a. 打开发电机燃油开关（图6-7）；b. 将发电机调速手柄旋在"运行"位置（图6-8）；c. 转动钥匙开关启动发电机（图6-9）；d. 电压正常，三分钟预热后，按下电源按钮，指示灯亮。步骤3：超低容量喷雾：a. 将小调节手柄调至风机（超低容量喷雾）处（箭头朝下），将大调节手柄调至小药液箱处（箭头朝下）（图6-10）；b. 往复捏动水泵旁的黑色吸水阀（图6-11），使药液箱内的药液充满水泵，水泵不至于空转，延长水泵的寿命，同时使浮球开关打开，电路构成闭合回路，否则带动水泵运转的电机将无法运转。（若管路中有药液，可省去此步）；c. 按下电源按钮1，按下风机按钮开关2，待风机运行平稳后，可根据风向和作业区域的位置，按压风机旋转按钮9、风机上升按钮3或下降按钮8，确定风机喷头的喷雾方向；喷头位置确定后，按下水泵按钮开关4，水泵开始运转（若水泵运转不稳定，需往复捏动黑色吸水阀，待水泵运转正常后放开。）药液箱内的药液通过喷头喷

图 6-7 燃油开关

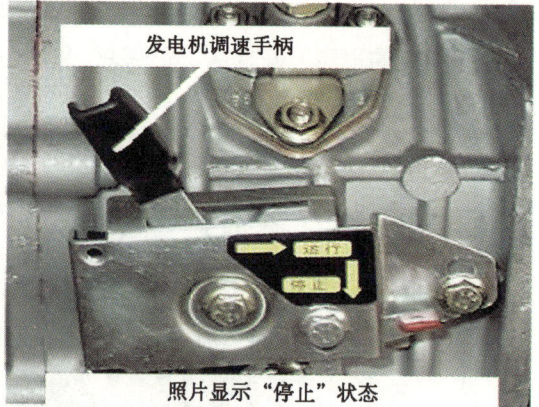

图 6-8 调速手柄

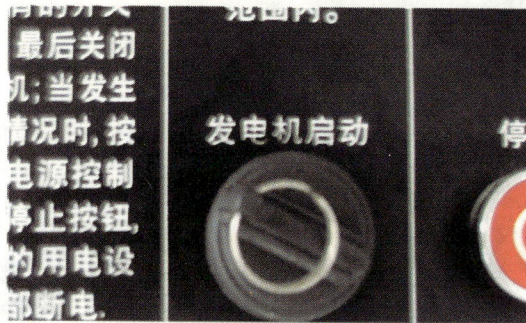

图 6-9 发电机启动开关

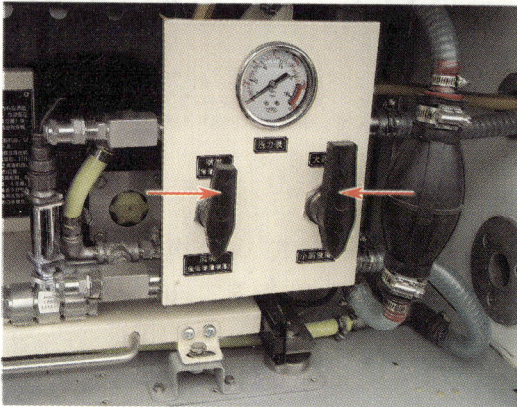

图 6-10 调节手柄

图 6-11 黑色吸水阀

出,实现超低容量喷雾(图 6-12);d. 根据喷洒工作量,观察配电箱控制面板上流量计 1 的流量显示(图 6-13),调节流量调节钮 2,从而调节喷雾量(流量在 90~210L/h 可调);e. 实施超低容量喷雾作业,图 6-14 所示。f. 停机操作:首先关闭水泵(药液)开关,停止喷雾;然后根据风机喷头位置,按压相应调节按钮,使风机复位;关闭风机开关和发电机开关即可。

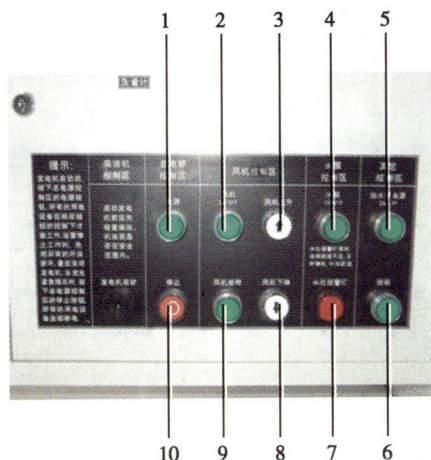

图6-12　电源、风机、水泵开关布置图

1.电源开关按钮　2.风机开关按钮　3.风机上升调节按钮　4.水泵开关按钮
5.加水泵电源开关　6.照明开关　7.水位报警灯　8.风机下降调节按钮
9.风机旋转调节按钮　10.停止按钮

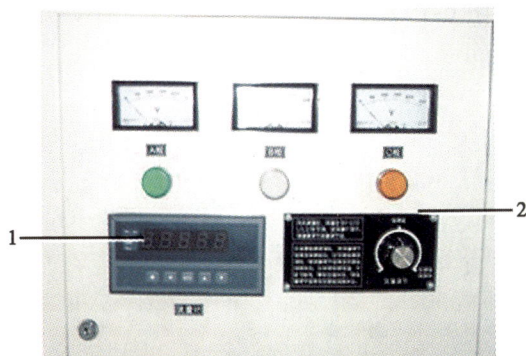

图6-13　流量计显示、流量调节
1.流量计显示屏　2.流量调节旋钮

图6-14　超低容量喷雾

步骤4：常量喷雾：a. 将小调节手柄调至喷枪（常量喷雾）处，将大调节手柄调至大药液箱处（图6-15），并且当单喷枪喷药液时，将流量调节钮调至单喷枪处；当双喷枪喷药液时，将流量调节钮调至双喷枪或搅拌处（图6-16）；b. 按超低容量喷雾的操作顺序启动发电机及打开电源后，不需启动风机，直接按下水泵按钮开关；c. 打开喷枪上的开关，旋转喷枪尾部的调节手柄至所需要的喷雾量，即可实现常量喷雾；d. 关机操作首先关闭水泵（药液）开关，停止喷雾；然后关闭发电机开关即可。

　3）注意事项：①篷架折叠时，应确保固定篷布的纽扣已打开。②推拉篷架杆时，严禁将手放入篷架杆之间，以防将手夹伤；推拉时，两侧用力应同步、均匀。③车辆行驶喷雾时，应将后翻门关上。

图 6-15　调节手柄

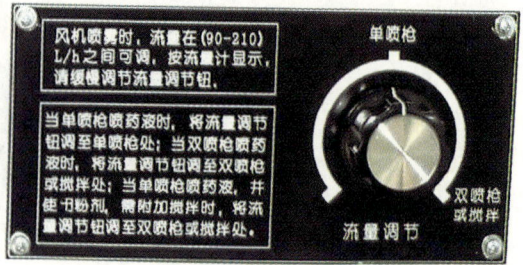

图 6-16　流量调节

（2）S.S.150F 热烟机使用操作：使用前，应详细阅读并理解使用说明书，并严格按操作程序进行操作。

1）使用操作：①准备工作。用漏斗向油箱中注入 93 号汽油后，盖紧油箱盖，加满油箱后可连续使用 40 分钟；根据使用要求，往药液箱中加入适量的药液，加液口和加油口的位置见图 6-17 所示。

②启动：电启动方式：a. 连接蓄电池，红线连接红色插座，绿线接另一插座（图 6-18）；b. 检查点火系统，确认点火线圈是否正常工作（图 6-19）；c. 按压电启动开关，启动机器（图 6-20）。

图 6-17　加液口和加油口

1.加液口　2.加油口

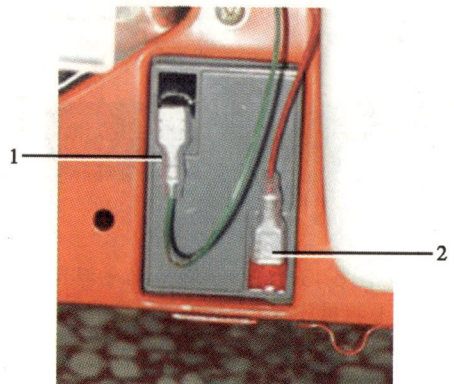

图 6-18　电源线连接

1.绿线插座　2.红线插座

手动启动：a. 拔下电启动输气管，将手启动输气管接到气缸屋部端口，确保不漏气，图 6-21 中箭头所指为连接端口；b. 反复抽拉气缸拉杆，启动机器（图 6-22）。

③喷烟雾：在采用上述任何一种方式启动机器后，按下述程序进行喷烟雾操作。

a. 打开药液桶开关（图 6-23）；b. 根据工作需要，调节流量旋钮，即可产生烟雾（图 6-24）。

④停机操作：a. 关闭流量旋钮按钮，关闭药液开关，使机器空载运转 5～10 秒，直到残留药液在燃烧管里充分燃烧；b. 按压停止按钮，关闭机器（图 6-25）。

图 6-19　火花塞

图 6-20　启动开关

图 6-21　输气管连接

图 6-22　气缸拉杆
1. 气缸拉杆　2. 气缸

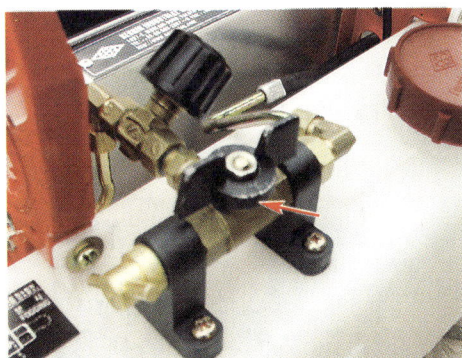

图 6-23　药液桶开关（图中为关闭状态）

图 6-24　流量旋钮

　　2）注意事项：①在热机状态下，严禁加油操作；②在有易燃易爆物的地方，严禁使用本机器；③在密闭地方只能使用干烟雾，严禁使用湿雾。

　　（3）SHP-800背负式喷雾机的使用操作：使用前，应详细阅读并理解使用说明书，并严格按操作程序进行操作。

图 6-25 停止旋钮

1）使用操作：①开机、喷雾：步骤 1：向药液桶加入药液（图 6-26）；步骤 2：向燃油桶加入（25∶1）的混合汽油（图 6-27）；步骤 3：将风门控制杆搬到关闭位置（图 6-28）；步骤 4：上下按压手动泵直到看到回油管里可以看到燃油位置（图 6-29）；步骤 5：保持油门控制杆处于怠速运转位置（中间位置）（图 6-30）；拉启动器手柄直到听到第一声点火（图 6-31）；步骤 6：

图 6-26 加药液

图 6-27 加混合汽油

图 6-28 风门控制杆

图 6-29 手动泵

移动风门控制杆到开着的状态,重新启动发动机,并预热几分钟后,打开喷嘴阀门,进行喷洒作业。②喷洒作业(图 6-32)。③停机操作:喷洒作业结束后,将油门控制杆移到下位并触压停止按钮(图 6-33)。

图 6-30 油门控制杆

图 6-31 启动器

图 6-32 喷雾

图 6-33 停机按钮

2)注意事项:①本机器使用的是混合汽油(混和比率为 20:1~25:1);②先轻轻地拉动2~3 次反冲式启动器,让汽缸吸入混合气,随后再猛地用力拉动反冲式启动器;③药液喷完,应立即关机,严禁泵空转。

(三)培训方法

1. **理论讲解** 由教员讲解装备的基本知识、操作技能、使用方法及注意事项。

2. **现场演示** 由教员演示标准操作方法和技能。

3. **学员试操作** 在教员指导下,由学员实际动手操作。

(四)考核评估

1. **目的** 通过考核评估,检验受训人员学习成绩和操作技能,检查培训效果,评估培训质量。

2. **内容** 考核评估内容为基础知识、操作方法及技能。

3. 方法及成绩评定标准 基础知识采样笔试或口试的方法进行,使用方法及操作技能通过现场操作进行考核评估,成绩评定标准见表6-1。

表6-1 考核内容及成绩评定标准

考核科目	考核标准	成绩评定
基础知识	熟练掌握基础知识,考试成绩达到90分以上。	优秀
	较好掌握基础知识,考试成绩达到75~89分。	良好
	掌握基础知识,考试成绩达到60~74分。	及格
	掌握基础知识不全面,考试成绩在60分以下。	不及格
使用及操作技能	熟练掌握操作技能,熟悉注意事项,动作要领正确。	优秀
	能较好地掌握操作技能、注意事项,动作要领正确。	良好
	会操作,动作要领基本正确。	及格
	操作不熟练,动作要领不正确。	不及格

第二节 营地建设与后勤保障的培训和考核

一、营地建设的培训和考核

(一)营地布局

1. 营地布局要素 如果把医学救援队展开要素按功能区域划分场所,通常有二十几个要素。

(1)医疗区:包括指挥组、分类哨、分类场、手术室、手术准备室、抗休克室、重伤(术后)观察室、消毒供应室、检验室、调剂室、药库、配液中心、X线室、洗消室等。

(2)伤病员区:包括治疗室、绷带交换室、伤病员室、隔离室等。

(3)生活区:包括宿舍、厕所、洗浴室等。

(4)生活保障区:包括伙房、食堂、被装仓库等。

(5)内部通道。

(6)停车场。

2. 营地布局图 图6-34是一个常用营地布局图。把手术组和急救抗休克组都放在入口附近,保证伤员流在尽量短的距离上,争取急救时间;伤病员区沿着干道安排在出口附近,便于伤病员后送,减少伤病员流动的流量;使医技工作室既靠近主要救治组室,也相应关照到轻伤病员的需要,这样的位置更适宜。

(二)培训目的

通过理论培训和综合技术培训,使得营地建设人员在受领任务后,能够快速、高效、准确地完成营地展开工作;全面提高营地建设的保障能力,以适应不同应急救援任务的需求。

(三)培训内容

1. 人员编组及任务分工 营地建设由生活保障组负责。人员具体按照如下编组分工:

(1)组长、副组长:根据实际任务由指挥组领导指定,负责整个营地建设工作的计划、协调、组织和实施。

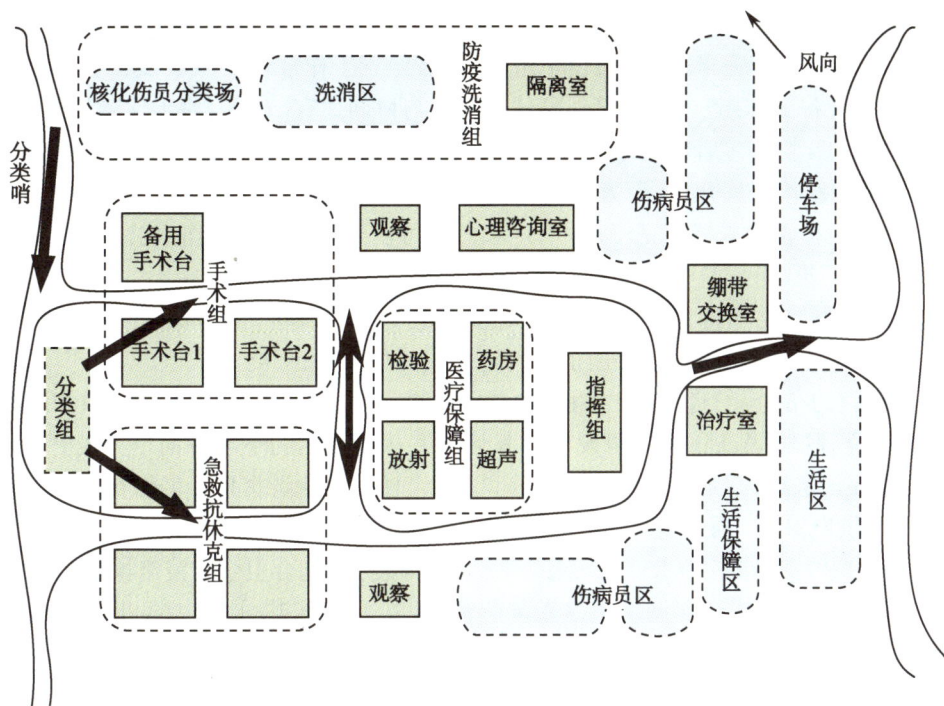

图 6-34　常用营地布局图

（2）场地建设小组：负责选址、划分保障区域、组织协调各区域布置，并负责队伍撤离时的场地恢复，配合防疫防护组进行场地洗消处理。

（3）水电保障小组：负责供水、供电保障和相关水电设施设备的使用及保管。

（4）支援保障小组：负责搭建帐篷、开设野战洗浴、厕所等设施，参与管理营地秩序，并负责宿营区域环境整治和消防安全管理。

2. 展开形式　应根据任务类型、地形和道路条件选择展开形式，从实际出发，综合权衡，以适应任务情况和保障工作的需要。展开形式按力量使用区分有集中展开与分散展开两种，按地形条件分有地面展开、半地下展开和坑道内展开三种。选择何种形式应根据具体救援任务和环境条件而定。

3. 展开地点的选择　选择展开地点的条件主要有以下几种：一是有较好的交通道路条件，要靠近前接后转道路，但又与主要道路保持一定距离，而且要便于车辆进出的位置；二是有一定的展开地幅，地面展开时各组应相对集中展开；三是展开地点要求水源较充足，取水方便，能基本保证医疗、生活和洗消用水。

4. 选择展开地点的流程　选择时一般有图上选择和现地勘察两个阶段。图上选择在地图上进行，有条件时还可以利用各种计算机终端在电子地图上进行。根据任务情况和领导决心，进行情况判读，制定区域内判读预定展开地域的地形、地貌、交通道路，对照救援队展开条件，综合考虑，确定救援队展开地点。

5. 展开程序

（1）展开地点组织部署：指挥员带领各组长在现地确定各组室的具体展开位置，明确伤病员前接后转道路的使用，确定各组室使用的水源，指定路标设置点。

（2）组室展开：在现地划分展开地点后，统一调度车辆，顺序进入各展开位置；组织人员在指定地点卸车；卸车完毕，组织架设帐篷；摆放各组室工作台、柜，展开成待工作状态。

（3）完成准备工作：进一步明确保障任务区分与协同适宜，修订、完善保障计划，协调各组室的任务分工，协同主管部门选择和修整直升机起降场地，并准备简易器材，各组室展开完毕，指挥员组织检查展开情况，发现问题，及时处理。

（4）指挥员检查展开情况完毕后，确定救援队可以开始工作接收伤病员，立即向救援队上级主管领导汇报。

6. 营地分区 将所选地域划分为指挥区、医疗区、生活区、生活保障区和停车场 5 个区。如任务需要配备直升机时，还应加设一定地幅的停机场。

7. 各组室的布局 一般将分类组设在救援队的入口处；将手术组、抗休克组和医技保障组设在中间位置；将隔离和洗消组设在与其他组室相聚较远的下风方向单独展开；生活保障部门尽量靠近水源；后送单元应设在救援队的出口处，尽量选择便于轻伤员乘载的地方。

8. 供水供电保障 场地建设小组配合支援保障小组展开搭设帐篷。水电保障小组负责架设供水、供电线路，展开净水储水设备、电站、洗消装备，配合卫生防疫组检验水质。

9. 营地撤收 根据指挥调度联络人员的指挥，实施转移或回撤时，各小组迅速撤收野营装备，并配合指挥调度联络组实施装运。场地建设小组人员根据需要对宿营地域进行恢复、洗消。救援队返回驻地后，检查装备并验收入库。

（四）培训方法

首先通过室内教授理论知识，学习营地建设相关规章制度，各种建设预案，学习相关装备使用方法，其次进行实地展开训练，按分练、合练的顺序进行。

1. 分练 各任务组按照各自任务分工，携带各自的装备器材，按照计划逐项反复练习实地展开，直至熟练掌握本组训练内容。

2. 合练 在分练基础上，将各项分练动作、内容串联起来进行综合全救援队的协同展开训练，展开训练应以合练为主进行。

（五）考核评估

医学救援队培训成绩考核与评估，是监控培训质量，提高培训水平的重要措施。通过实施考核活动，可以及时掌握医疗队培训工作开展情况，及时发现和解决培训工作上存在的问题，及时修订培训计划和实施方法，促进培训工作的全面落实，不断提高救援队遂行应急医学救援任务的保障能力。

主要考核各组（室）专业技术水平和后勤保障能力，考核评分细则由上一级业务机关根据任务特点制定。考核内容为营地建设的方案、步骤、方法等，考核形式分为笔试（口试）部分理论知识，现场考核基本技术与操作技能。

二、物资准备的培训和考核

（一）物资种类

主要后勤保障物资包括以下 7 类：

1. 卫生帐篷 医学救援队需要有足够的宿营器材，以保证对伤病员的救治、修养和工作人员的生活。

2. 睡铺 应按展开的床位数为伤病员准备睡铺。

3. **卫生被服**　按展开床位数储备,并适当加大作为预备。

4. **通信工具**　电话、对讲机、无线电设备等通信工具,由专人使用和保管,损坏要及时申请维修和报领。

5. **个人生活用具**　个人被褥及生活用品,可存放在个人背囊内。

6. **运输工具类**　主要包括单价和运输汽车。

7. **其他物资**　如发电设备、照明器材、取暖设备、炊具等。

以上装备,均需及时协调有关部门,分期分批,优先为救援队配齐,并建立更新维修机制。

(二)培训目的

通过相关理论学习和操作培训,熟练掌握物资的种类、标准,筹措的原则、要求和方式,不断提高个人应急能力和整体物资保障能力。

(三)培训内容

根据国家应急医疗救援所担负的工作任务,按照"统一管理、分级负责,多措并举、快速高效,结合实际、突出重点"的工作原则,迅速合理组织装备物资筹措。

1. **筹措方式**　以自购为主,多渠道筹措物资。平时物资储备充足,用时物资补充及时,用后物资补充到位。

(1)动用储备:根据任务需要,首先使用储备物资。

(2)市场采购:对储备不足的物资按照应急采购预案实行市场采购。

(3)向上请领:对国家标准配发物资及时向上级部门请领。

2. **物资管理**

(1)应急物资必须专人专管,专人负责。

(2)为了便于管理、发放和装载,各类应急物资必须落实"三分"(携行、运行、移交)、"四定"(定人、定物、定车、定位)。定期组织全面检查。保管人员根据实际情况和季节变化随时检查,发现问题及时处理,做到"六防"(防潮、防霉、防火、防盗、防虫蛀、防鼠咬)。达到"四无"(无霉变、无丢失、无失效期、无锈蚀)。

(3)在物资管理中应当强调,一是所有应急物资器材力求配套,凡配套的物资在装箱时不能拆散,以便随时展开使用。二是应急物资装箱后,必须有装箱单,一式两份,一份放在箱中,另一份使用单位保存。三是所有的箱、囊、包必须进行统一的编号,不同品种的箱、囊、包要有显著的标志。四是所有的应急物资从消耗登记、请领、补充、定期检查到保养维修等,要由专人负责,实行岗位责任制。五是对易潮生霉、生锈的物资,应及时晾晒和擦拭,以防损坏。六是对将到期的或有变质损坏的物资进行及时更换,以保证应急物资经常处于质优量足状态。

(4)各类应急物资属专属物资,平时不得动用,遇有紧急抢救或执行特殊任务,确需动用时,应经领导批准,来不及批准的,可边动用边报告,用后及时补齐调整,并报上级部门备案。

(四)培训方法

培训可根据需要采用个人学习,集体培训或现场培训等多种方式进行。个人学习是以个人阅读和钻研书面教材为主。适于分散进行,自由安排进度和增补学习内容。集体培训包括大组和小组两种形式。大组适于授课,小组则适于讨论和学习。现场培训是指结合岗位现场的工作条件进行的培训。它可以结合实际操作条件重复实践。另外,还可以组织适当的模拟演习等。

（五）考核评估

考核评估的主要手段包括理论考试、技术操作考核和多指标综合评估等。其中，理论考试和技术操作考评侧重于单人专业素质的考核验收，多指标综合评估适用于整个物资保障分队整体协同和综合处置效果评估，同时也是对本单位应急物资准备能力的一种整体反映和促进。

三、后勤保障的培训和考核

（一）工作内容

1. **后勤指挥**　主要负责后勤保障工作的计划协调和组织指挥。

2. **通信保障**　通过电话、数据、传真、视频等通信方式实现通信联络、报文交换、电视电话会议等后勤保障工作。

3. **运输保障**　负责拟制运输方案，填报计划并作好运输准备，与相关部门协调，组织队伍机动及途中的休息和宿营，组织人员乘降及物资装卸。

4. **行政管理**　负责日常工作的管理。

5. **生活保障**　负责被装、饮食保障，办公生活保障。

6. **油料管理**　是任务部队组织油料、油料装备的供应、管理和技术保障的专业工作。目的是根据任务内容，结合任务特点，准确、及时、适量地为任务分队执行各项任务，提供油料保障。

7. **卫生防疫与防护**　结合救援任务需要，开展食品、饮用水、环境监督指导和传染病控制工作，确保救援队伍卫生安全，圆满完成任务。

8. **经费保障**　负责制定经费保障方案，明确经费保障渠道，建立专项核算科目，进行经费开支管理和资产登记等工作。

（二）培训目的

通过学习后勤指挥相关理论，提高精确化保障水平和快速反应能力，使后勤各业务部门根据任务需要，能够畅通指挥、顺利输送、合理布局、科学保障，协调一致地完成后勤保障任务，为完成各项任务提供安全、灵活、快速、精确的后勤保障。

（三）培训内容

1. **后勤指挥的培训内容**　根据任务时期保障要求，应结合任务实际，立足现有装备，着眼实际需要，努力提高后勤精确化保障水平和快速反应能力，为完成各项任务提供安全、灵活、快速、精确的后勤保障。成立后勤指挥组，在救援队工作领导小组的统一指挥下，负责后勤保障工作的组织指挥和具体实施。具体负责随行任务中的通信、车辆、生活等各项后勤保障工作的具体实施。后勤指挥的工作流程包括：

（1）受领任务：根据工作领导小组下达的任务命令，受领相关后勤保障任务。

（2）情况判研：结合任务的性质及其事件严重程度，启动响应机制，召开专题工作会议，研究部署保障工作。一是研究判定保障范围。要随任务执行情况判定任务性质、程度、原因等多方因素，第一时间掌握任务相关信息，果断作出后勤随行保障判断和决策。二是判断保障的重点内容。判断事态发展，结合任务部队前后实际需求，有针对性地作好随行保障中的具体保障计划。

（3）方案制订：为确保医学救援队后勤综合保障有序、高效，制定以人员抽组、装备物资筹措、通信保障、机动运输、日常管理、被装给养、油料管理、营地建设、经费保障 9 个方面为主体的工作方案。

（4）任务分工：①运输保障组：主要负责救援队领导小组联络协调、开进调度、开道引导、交通管理、勤务保障、日常管理等综合计划任务；②财务组：主要负责后勤保障经费筹措与审核结算等任务；③物资组：主要负责物资筹措、饮食保障、被装补充等生活保障任务；④营地建设组：主要负责野营物资的筹措与保管、营地选址与划分、战场伪装、供水供电保障、公共设施搭建、环境整治和消防安全管理等任务；⑤卫生防疫防护组：主要负责医疗、营地卫生防疫、水源地水质检测、饮食卫生安全监察、开设营地医疗室和心理咨询室等任务。

（5）成立分队：按照任务性质、区域、对象等情况，成立专业后勤保障组。①勤务保障组：主要担负车辆驾驶与维修、油料供给、有线电话架设、营地秩序与安全管理等任务。根据实际情况，必要时抽选医学救援队专业人员，负责营地巡逻和执勤警戒；②物资给养组：主要担负饮食保障、被装补充等任务；③营地建设组：主要担负野营物资的筹措与保管、营地选址与划分、战场伪装、供水供电保障、公共设施搭建、环境整治和消防安全管理等任务；④卫生防疫组：主要担负医疗、营地卫生防疫、水源地水质检测、饮食卫生安全监察等任务；⑤经费管理组：主要担负经费筹措与审核结算等任务。

（6）撤收：组织人员及装备于上级下达撤收命令后安全撤收。主要包括：清点物资装备、制定装车方案、确定车辆编组及回撤路线、结算经费物资、组织回撤。根据上级命令，按照撤收计划，实施人员和物资装载，组织摩托化机动回撤。

2. 通信保障各阶段的工作内容

（1）受领任务前通信组织：利用现有固定通信设备完成救援队战备值班室自动电话、人工电话、数据通信、传真通信、视频通信、运动通信等正常通信保障工作。

（2）受领任务后通信组织：指挥员利用固定电话、数字移动保密电话、简易通信、无线对讲、传真、运动通信等通信方式发出任务等级信号及集结命令。

（3）救援队机动时通信组织：集结地域利用数字化电台车，参与总部无线电指挥网，实现各级指挥部门与救援队以及救援队各分队间的实时语音通信和报文交换；利用北斗卫星定位系统进行导航、定位和上报救援队行进位置；利用简易信号进行队伍行进与停止与车辆调整命令的发布；利用手持机系统完成车辆的调度与调整。

（4）集结地域通信组织：集结地域通信组织是指救援队到达集结地域后进行任务展开和执行任务时的通信组织。

3. 机动运输保障的培训内容　机动运输是指利用运输工具把任务部队由一地运送到另一地的行动。担负应急医学救援任务时，队伍机动运输方式通常包括摩托化机动运输、铁路机动运输、空中机动运输和综合机动运输。根据上级指示、担负任务和运输条件，可采用一种机动运输方式，也可同时采用两种以上方式平行运输，或交替采用两种以上方式接力运输。采用两种以上方式实施的平行运输或接力运输，也称综合运输。

（1）摩托化机动运输：摩托化机动运输，是队伍利用轮式或履带式车辆实施机动的一种运输方式。实施摩托化机动运输，车辆多、行程长，道路条件要求高，必须周密计划，精心组织，确保部队机动运输安全。主要工作有：①拟制运输方案：根据上级指示、本级领导决心和担负的任务，结合机动道路情况以及沿途气象条件，拟制摩托化机动运输方案，内容包括人员抽组、机动路线、梯队编成和序列、行程和休息及宿营地域、指挥组织和综合保障、完成准备工作时限等内容。②严密组织队伍机动：组织队伍机动过程中，主要做好以下几项工作：一是派出调整勤务，并与当地交警部门取得联系，协助队伍通过大型交叉路口和车辆行人密集地段；二是检查队伍出发和行进情况，即检查行进队形及通过出发地区（出发线）的时间，掌握好行进速度，组织好调整勤务，确保队伍按序列和规定速度出发和行进。③组织休息和宿营：机动途中，要根据行进道路周边情况及进度组织人员休息和宿营，小休息通常每2～3小时一次，每次20～30分钟，休息时车辆停靠在路右侧，并指派专人负责安全警卫；大休息一般在一日行程过半后在指定地点进行，时间1～2小时，安排专人轮流担负安全警卫，并组织技术保障人员检修车辆，夜间一般不安排大休息；行进中需要宿营时，应提前选定宿营地点，通常选择在沿途旅馆休息，或利用自带野营装备组织宿营，严密组织宿营地点安全警卫。④精心组织途中保障：为确保机安全、及时机动至预定地点，必须精心组织机动运输途中保障工作。机动过程中，要安排专人担任安全员，确保行车安全。休息和宿营地点要安排专人担任不间断值班警戒，确保装备物资器材安全。食宿保障若采取自我保障方式，必须按机动日程长短准备押运人员饮食和宿营物资；若采取沿途依托当地政府资源保障模式，应提前选定保障时间和地点；运输编队内部通信可采取无线对讲或简易通信方式，对外通信应利用电话联络方式；车辆维修应以随队专业技术人员为主实施自我保障，必要时依托当地资源进行保障。

（2）铁路机动运输：铁路机动运输，是队伍利用火车实施机动的一种运输方式，具有运力大、速度快、安全可靠、受天候季节影响小等特点，同时可以减少人员疲劳和机械装备磨损，是救援队实施远距离机动常用的一种方式。主要工作包括：①认真作好机动运输准备：领导定下实施铁路机动运输决定后，必须在规定时间内做好以下准备工作：一是制定运输方案。即根据领导指示和本级任务要求，迅速拟制铁路机动运输方案。二是填报运输计划。根据任务需求，确定押运人员名单，统计押运装备物资型号、尺寸、重量等数据，积极协调铁路部门并填报铁路运输计划。三是协调铁路部门办理运输手续。携带上级批准的输送计划和有关资料，到铁路分局或车站相关部门，共同研究商定装载有关问题，进一步明确运输时间、装载及捆绑加固措施、注意事项等事宜。四是组织现地勘察。为熟悉装载地点情况，保障队伍安全迅速地实施装载，要组织相关人员到装载点进行现地勘察。②严密组织队伍装（卸）载：组织装备物资器材装载时，应按照铁路运输要求，合理区分押运装备物资器材种类，确定装载方式，按照规定时间和地点，组织人员实施装载，做好押运装备物资器材的加固措施。到达预定卸载地点后，协调铁路部门，迅速解除加固措施，根据站点实际情况依次组织卸载。装（卸）载完毕后，严密组织检查，发现问题，及时解决，并按照要求向主管领导报告装（卸）载情况。③全面掌握运行情况。运行是铁路机动运输中最关键的阶段，应立足自身观察，积极向列车工作人员调查了解，全面掌握列车运行位置、预计到达各主要站点的时间、运输人员和装备物资器材安全状况等。一旦出现特殊情况，应及时向直接领导报告。

（3）空中机动运输：空中机动运输，是队伍利用运输飞机和直升机等空运工具实施机动的一种运输方式，具有时效性强、要求高、受天候季节影响大等特点，组织指挥比较复杂。主要工作有：①拟制空运方案：按照上级统一部署，根据领导指示和担负任务要求，迅速拟制空中机动运输方案。主要内容包括：押运人员名单、装备物资器材情况、飞机型号与架次、空运时间、装（卸）载地点、有关保障措施等。②填报空运计划：通常按照上级指定的航班架次、出发时间和地点，按照空运有关限制要求，填报随行人员名单，装备物资器材型号、尺寸和重量，空运有关要求等事项。③装备物资器材准备：出发前，应组织押运人员进行乘机教育，并视情况印发空运常识和乘机规定。要提前检查空运车辆装备，并对车载装备实施捆绑加固，散装物资器材须提前分类打包，在明显位置标明物品种类和数量。④组织实施装（卸）载：空运装（卸）载行动，必须按照规定时间要求，协助机场工作人员准确快速实施。通常情况下，同一架次货运飞机混载多个单位装备物资器材，必须按照空运物资清单，逐一清点，严防遗失。装（卸）载完毕后，及时组织队伍撤离。

4. 给养保障的培训内容

（1）保障标准：保障伙食标准：按照规定，结合本单位实际，制定伙食标准。

（2）保障方式：队伍备勤期间，采取自我和委托保障两种方式。自我保障需配备炊事人员、炊事设备；救援队外出执行任务时，采取伴随保障方式，携带一日份野战食品和饮用水，条件允许的情况下，进行热食保障；自我保障时，结合执行任务情况要求，科学调剂伙食，满足人员的营养需求。特殊情况下，根据实际需求补贴伙食标准。

（四）培训方法

后勤保障培训有多种实训方法，基于培训展开方式的分类方法，可以把后勤保障培训划分为单项保障培训、综合演练。

（五）考核评估

1. 以笔试（口试）的形式对理论知识进行抽考，由考核组制定评分细则。

2. **综合演练评估**　对救援队进行的应急处置培训演练工作的组织、处置和效果进行综合评定。目的在于总结培训、演练中暴露出的不足与问题，进一步完善细化预案方案，提高组织指挥效能，加强各救援力量的协同配合，切实促进应急救援后勤保障能力的提升。

第三节　队伍综合演练

综合演练是对实际应急救援过程的模拟，包括常规的应急处置流程和设定的关键事件处置等。救援队伍应积极参加和组织综合演练，通过模拟各类突发事件应急响应的不同场景和伤情进行医学应急演练，来提高和保持救援队伍的处突救援能力。

一、目的

综合演练的主要目是：检验医学救援队伍和相关人员的响应能力和专业技能；检验医学救援队伍和上级指挥机构及有关单位的协调和配合；检验医学救援队伍内部各个模块的分工与协调能力；检验医学救援队伍的装备、基础设施、后勤保障与技术准备；发现应急预案和应急准备的不足之处，以便及时改进。

二、内容

（一）准备阶段

准备阶段的工作包括演练总体规划、演练类型的选择、演练方案的制订。

1. 演练总体规划　演练的总体规划必须由演练筹备与管理的相应机构来承担完成，一般由主管应急的部门为核心，组织相关人员参加。演练筹备或管理机构应设以下小组：指挥组，负责演练的总体指挥与协调；方案组，设计演练方案、编写演练脚本、准备相关背景信息、场景模拟资料和演练注入信息；控制组，演练过程总控，负责演练全过程的控制与管理，包括参演模拟角色的扮演人员，由协调组、方案组人员及其他模拟角色人员组成；评估组，参演人员的演练效果评估，由熟悉救援工作的专家组成；支持组，负责演练过程的后勤保障和安全保障工作，由后勤部门组织人员参加。

演练计划是否合理是演练是否成功的关键，演练设计组在演练中应处于核心的地位，在实际演练进程中还要充当控制组的角色。因此在演练前后应合理的安排会议对演练计划进行制定和讨论。会议应考虑由设计组、演练指挥人员和其他核心人员参加，通过讨论，形成较为完善的演练计划，给出演练的目的、内容、日程安排等。

2. 演练类型的选择

（1）根据演练规模划分：根据规模等级，救援演练可分为局部演练、区域性演练和全国性演练。局部演练针对特定地区，可根据区域特点，选择特定的突发事件，如某种具有区域性的自然灾害，演练一般不涉及多级协调；区域性演练针对某一行政区域，一般是省级区域，演练设定的突发事件可较复杂，如某一灾害或事故形成的灾害链，往往涉及多级、多部门的协调；全国性的演练一般针对较大范围突发事件，如影响了多个区域的大规模传染病，涉及地方与中央及各职能部门的协调。

（2）根据演练内容与尺度划分：根据演练的内容与尺度，救援演练可分为分练和合练。分练是各组室根据分工不同进行的有目的性的专项练习，如模拟某一灾害现场的某项救援设备的操作或针对特定建筑物废墟的人员搜救等，也可以是某一救治过程的演练或某一单一事故的处理过程的演练；综合演练相对复杂，需要模拟救援力量的派出，一般包括应急反应的全过程，涉及大量的信息注入，包括对实际场景的模拟、综合实战演练、对模拟事件的讨论解决等。这也是最常用的演练方式之一。

（3）根据演练形式划分：根据演练形式的不同，救援演练可分为模拟场景演练、实战演练和模拟与实战相结合的演练。模拟场景演练，以桌面练习和讨论形式对救援过程进行模拟和演练，信息注入的方式包括灾害描述、事件描述等。演练一般通过分组讨论的形式，达到提高救援反应能力和救援管理水平的目的，因此也可称为桌面演练。模拟场景演练一般针对救援管理高级人员，可作为实战演练的预演。实战演练，可包括单项或综合性的演练，涉及实际的应急、救援处置。模拟与实战相结合的演练形式则是对前两者的综合。

总之，救援演练的形式多样，可以根据需要灵活选择，但要根据演练的目的、目标，选择最恰当的演练方式，并且牢牢抓住演练的关键环节，达到演练效果。

3. 指定演练方案和脚本

（1）演练基本情况：演练的基本情况，即演练的总体概述、演练的目的、演练的规模、演练的主要内容等。演练的目的应给出演练要达到的实际目标，并最后评价演练是否成功的标准。演练的规模应给出演练持续的时间、演练的场地分布、参演人员的数量及部门组成等。演练的内容部分应概要地描述演练针对的突发事件的基本背景，演练包括的主要救援工作内容或演练的具体科目。

（2）演练脚本：演练的脚本，即对整个演练过程的情景描述，包括突发事件的基本发展过程，及可能的偶发事件。演练脚本应包括突发事件总体过程的描述、插入突发事件的描述、参演人员能作出的合理反应的概略描述等。演练脚本是控制整个演练过程的关键，也为演练评估提供了基本的参考。以表格的形式表达演练脚本是一种较好的形式，可以比较清晰地给出演练的时间进程、背景信息与相应动作见表6-2。

表6-2 演练脚本的表格描述示例

阶段	时间	信息注入	相应动作
阶段名称	演练时间尺度	突发事件、造成破坏力以及部分反应情况的信息	演练参与角色应该采取的相应行动
	时间（何时何分）	××省建立的灾害快速评估系统给出如下初步灾害评估结果：死亡31人，受伤762人，直接经济损失8亿元人民币，由于大量群众打电话导致通信堵塞，地震局电话、手机占线、无法与外界联系	成立应急指挥部 考虑派出现场队伍规模及组成 建议政府启动相关部门开展救援工作

（二）实施阶段

1. 演练的陈述 演练实施前应向演练控制组和演练人员进行必要的陈述。

向演练控制组的陈述应包括以下内容：主要安全事项、演练要求、演练场景描述、剧本的推演、各组职责等。

向演练人员的陈述应包括以下内容：演练要求、突发事件规模、演练目的、初始条件、安全事项、模拟角色的识别、演练的协调管理与后勤保障。

2. 设备的准备 演练实施前必须完成一切演练所需的场地等基本设施的准备。

（1）桌面演练的准备：桌面演练的准备需求很小，主要包括满足要求的会议室、一定数量的会议桌椅、投影仪、白板和各功能组室的仪器设备等。

（2）实战演练的准备：实战演练所需要准备的物品较多，针对不同类型的演练差别较大。一般需要准备的设施与物品包括：事故或灾难废墟、模拟灾难的烟雾生成器、模型或角色扮演人员、关键事项检查、安全事项检查等。

三、方法

一般分为理论学习、分练、合练、实兵演习的步骤实施。理论学习、分练由各组室统一组织实施，合练和实兵演习由队伍统一组织实施。按照先理论后应用，先分练后合练的方法，循序渐进，逐步提高。

（一）理论学习

应紧密结合培训课题，以应急救援理论为基础，以卫生应急装备的维护和保养为重点。理论学习通常采取自学、集中授课、分专业研讨等方式进行。

自学：参加者必须按照统一的学习计划，充分利用规定的自学时间阅读有关内容。学习中，注意区分层次，指挥人员主要学习指挥的基本程序与方法，其他人员主要学习应急救援的基本原则、特点与要求等有关内容。

集中授课：对一些个人自学难度大、效果差而又必须掌握的应急救援队伍知识，则应集中授课辅导。如救援队伍的途中输送、展开、撤收与转移的方法，灾难导致特殊伤病的救治等内容。授课时，应注意采用多种教学手段，采取多媒体教学、电教器材、图表、沙盘进行形象直观教学,以增强学习效果。

分专业研讨:是在自学、集中授课的基础上,紧密结合培训课题和本职分工,对应急救援物资保障的一些重点、难点问题进行深层次的学术研究与探讨。培训领导小组应认真组织,选准题目,充分准备,展开研讨。

(二)分练

分练是各医疗编组,按照各自的任务分工,分别进行的演练,它牵涉的单位相对较少,便于集中研究本组问题。目的是使救援人员熟悉应急救援的指挥程序,各医疗编组内部的工作流程、救治技术。

演练组织人员熟悉掌握在不同阶段的运作方法与程序,通常按宣布演练条件—演练实施—讲评小结的顺序进行。

宣布演练条件:即组织者口述、播放录音、电话通知或发放学习材料等形式向参训者宣布场景想定,提供救援条件,规定救援时间、方法及要求等,使受训者迅速进入情况。

救援实施,通常按以下步骤进行:一是分析判断情况,受训人员按照职务分工,根据环境条件,在独立思考的基础上,对本级救援队伍承担的任务和保障能力等,进行分析判断,得出结论。二是研究救援方法,在分析判断情况的基础上,围绕救援任务,进行讨论研究。三是定下救援决心,由参加救援的领导综合不同意见,形成救援决心。四是拟制救援计划,依据救援决心,按照职责分工,进行作业,拟制相应的保障文书。

讲评小结:重点指出实施中存在的问题,提出要求,对有争议的问题进行说明,统一认识,为下次实施演练打下基础。

医疗组室演练:按照救援医疗分组,进行组长和组内的协同培训。通常由组长组织实施,演练主要内容是组室开展工作的组织与程序,人员编组与职责;帐篷支撑;器材装卸与布局;伤病员检伤、分类、救治程序;伤病员后送等。

演练中,应结合各自的任务分工,携带必要的装备和物资器材,逐项内容反复进行练习,为合练打基础。医疗组室的培训方式有两种:一是分别以组作为培训单位,将各类人员混合编成。二是将不同组的同类专业人员集中编成。前者便于互相配合,是医疗组室培训的基本形式,后者能够让同一身份的人员一起研究练习同一项目,便于相互学习和促进。

(三)合练

合练是在分练的基础上,按救援工作开展的要求和程序,将各项分练动作、内容串连起来进行的综合协同演练,是救援队伍演练的主要形式,其目的解决各组之间配合与协同问题。

合练通常采取分段演练、连贯演练的方式进行。

分段演练:是将救援演练的项目按工作进程和要求,逐个阶段,逐项内容分别进行的培训。反复演练在不同情况下的各种救援工作,是合练的主要方法和重点。

宣布情况:就是提供条件,交代场景想定,明确任务,演练开始时的情况,一般以口述形式,结合想定场景向受训者宣布,救援过程中的情况,可用情况诱导或电话,简易信号等通讯方式下达。

反复练习:就是在逐个题目、逐项内容演练中,对重点的题目、内容进行多次重复培训,是分段演练的中心环节。如救援队伍的输送、展开、救治、撤收等。目的是使所有救援队成员熟悉救援程序,各组之间协调一致,快速完成救援任务。

作业讲评：分段演练进行到一定阶段，退出情况时，应集合参训人员，对作业情况进行讲评。

连贯演练：在分段演练的基础上，将同一场景的不同内容连贯起来实施的演练。目的是使各级救援人员熟练掌握救援程序，加强各组室之间的密切协同，增强演练的系统性和完整性，巩固发展分段演练的成果，连贯演练要求在近似实际的地形上进行演练。演练时，要设置场景诱导救援队伍展开演练，并不断加大救援难度，力求在复杂情况下进行演练，甚至可以适当组织夜间演练练习夜间情况的处置。

演练结束后，即发出演练结束信号，令受训人员退出情况，仔细检查医疗器械和武器装备，清理作业现场，到指定地点集合，认真组织总结讲评，实事求是地肯定成绩并指出存在的问题。亦可组织参演人员讨论总结演练情况，提高参演人员的参与感，提出进一步改进措施。

（四）综合演练

指按照实际要求，将各救援课题有机结合起来，在生疏地形上，昼夜连续实施的综合性演练，目的是检验救援队伍的演练效果，全面锻炼应急救援队伍的应急物资保障能力。

进行综合演练，要求高，难度大，组织复杂，通常由上级组织实施，演练时间应持续数天，其组织样式大致为灾害救援的医学救援演练。

综合演练要有场景想定和通过模拟伤员、致伤动物，要力求从难从严从实际出发，突出应用性、检验性和考核性，情况设置、内容设置全面，不能简单地重复合练时内容，可设置一些突然情况由救治机构进行处置。如救治机构收到污染，车辆人员受损情况的处置等。要使参演人员从思想到行动进入状态，力求逼真，体现出应急救援紧张气氛。

四、实施

（一）启动

1. 演练介绍　一般由演练的讲解员用解说形式介绍，演练目的、场次或情景安排、参演人员以及莅临领导和人员介绍，使得来观摩的领导和群众对本次演练事先有一个基本的了解。对于有演练脚本的大型综合性示范演练，可按照脚本中的解说词进行讲解。

2. 演练启动仪式　演练正式启动前一般要举行简短仪式，由演练组织的主要领导宣布或由演练总指挥宣布演练开始并启动演练。

（二）演练执行

演练总指挥负责演练实施全过程的指挥控制。当演练总指挥不兼任总策划时，一般由总指挥授权总策划对演练全过程进行控制。按照演练方案要求，应急指挥机构指挥各参演队伍和人员，开展对模拟演练事件的应急处置行动，完成各项演练活动。演练控制人员应充分掌握演练方案，按总策划的要求，熟练发布控制信息，协调参演人员完成各项演练任务。参演人员根据控制消息和指令，按照演练方案规定的程序开展应急处置行动，完成各项演练活动。

按照现行法律法规的相关要求，除急性化学性中毒和核与辐射事故两类事件卫生部门承担紧急医疗救援任务外，其他类突发公共卫生事件应急演练执行一般分为以下几个过程：

1. 事件的发现与报告　演练要点：医院接到事件报告或发现事件后，在初步核查基本情况属实后，按照相关规定和要求用电话向有关部门报告，并作好记录。

演练要求：①收集事件信息及时、完整；②接到报告后能以最短时间完成初步核查；③上报事件信息及时、内容完整，各种信息要有规范地电话记录；④临时采取必要的控制措施。

2. 启动应急指挥系统　演练要点：接到确认事件信息后，按照卫生应急预案要求，启动卫生应急指挥系统，做好人员、物资、交通、技术等各项应急准备工作。

演练要求：①工作程序井然有序；②人员到位及时；③信息传递准确；④物质准备充足。

3. **现场应急处置**　演练要点：现场应急处置人员抵达现场后，立即行动开展现场控制工作，包括现场封锁、洗消、现场流调、标本采集等。

演练要求：①现场处理的程序：个人防护着装、现场洗消、现场流行病学调查、样本的采集、个人防护卸装等；②工作人员的着装与卸装要规范整齐；③现场处理井然有序；④初步调查结论及控制意见。

4. **医疗救援**　主要从以下几个方面来演练：①调度：调度应急反应；②急救绿色通道：120 急救站门口通道畅通情况；③急救人员配置：每车人员基本配置情况、着装情况；④应急反应速度：出车时间、反应时间；⑤急救装备：车辆性能、车辆标准、车载设备、有无专车、个人防护；⑥现场处置能力：患者交接、患者防护、安置患者、病历书写、安全转运；⑦终末洗消：急救人员终末洗涤和消毒、车辆洗涤和洗消、医疗垃圾处理；⑧信息报告：信息反馈与报告。

5. **临床救治**　预检分诊（检伤分类）、隔离处置（传染病）、事件（疫情）报告、规范诊治、院内专家会诊、治疗方案制定和实施、院内感染控制、配合流调和采样、医院内部的协调配合等。

（三）演练结束与终止

演练完毕，由总策划发出结束信号，演练总指挥宣布演练结束。演练结束后所有人员停止演练活动，按预定方案集合进行现场总结讲评或者组织疏散。保障组负责组织人员对演练场地进行清理和恢复。

（四）意外情况的处置

演练实施过程中出现下列情况，经演练领导小组决定，由演练总指挥按照事先规定的程序和指令终止演练：第一，出现真实突发事件，需要参演人员参与应急处置时，要终止演练，使参演人员迅速回归其工作岗位，履行应急处置职责；第二，出现特殊或意外情况，短时间内不能妥善处置或解决时，可提前终止演练。

（五）演练记录

演练实施过程中，一般要安排专门人员，采用文字、照片和音像等手段记录演练过程。文字记录一般可由评估人员完成，主要包括演练实际开始与结束时间、演练过程控制情况、各项演练活动中参演人员的表现、意外情况及其处置等内容，尤其要详细记录可能出现的问题，例如个人防护是否规范等。照片和音像记录可安排专业人员和宣传人员在不同现场、不同角度进行拍摄，尽可能全方位地反映演练实施过程。

（六）演练过程中的注意事项

总策划负责按演练方案控制演练过程。

1. **桌面演练过程控制**　在讨论式桌面演练中，演练活动主要是围绕对所提出问题进行讨论。由总策划以口头或书面形式，部署引入一个或若干个问题。参演人员根据应急预案及有关规定，讨论应采取的行动；在角色扮演或推演式桌面演练中，由总策划按照演练方案发出控制消息,参演人员接收到事件信息后,通过角色扮演或模拟操作,完成应急处置活动。

2. 实战演练过程控制　在实战演练中,要通过传递控制消息来控制演练进程。总策划按照演练方案发出控制消息,控制人员向参演人员和模拟人员传递控制消息。参演人员和模拟人员接到信息后,按照发生真实事件的应急处置程序,可根据应急行动方案,采取相应的应急处置行动。演练过程中,控制人员应随时掌握演练进展情况,并向总策划报告演练中出现的各种问题。

(七) 演练宣传报道

演练宣传组按照演练宣传方案做好演练宣传报道工作。认真做好信息采集、媒体组织、广播电视节目现场采编和播报等工作,扩大演练的宣传教育效果。对涉密应急演练要做好相关保密工作。

五、考核评估

演练的评估是对参演人员表现的总结,包括任务层面和职能层面。演练总体层面主要针对演练中的某项具体任务的完成情况进行评估;职能层面针对某个部门的实际职能职责的完成情况进行评估。评估的内容应包括演练过程中的正确反映程序和存在的不足。

演练评估的过程一般包括评估计划的制订、数据收集、数据分析和评估报告的编写几个步骤。演练实施前,评估组应制定适当的评估计划;演练过程中,评估组应参与其中,收集演练进行情况的资料并进行分析;演练结束时,评估组应给出针对演练的评价,并编写评估报告。见图6-35、图6-36。

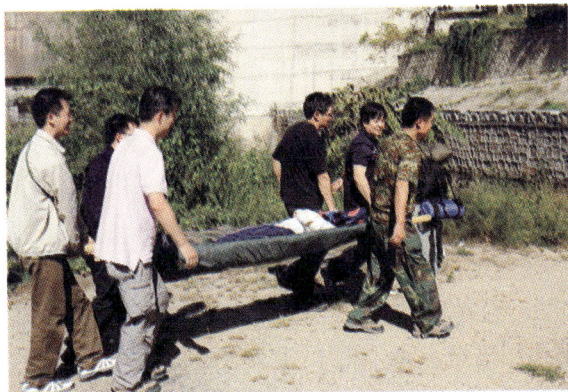

图6-35　急救演练

图6-36　污染检测演练

第七章 »

特定情形下的卫生应急物资保障

第一节　自然灾害卫生应急物资保障

一、概念与特征

（一）主要种类

我国的自然灾害主要有地震、洪涝灾害、旱灾、台风、泥石流等五种。

（二）特征与分级

1. 地震

（1）特点：①突发性：地震一般是在平静的情况下突然发生的自然现象。强烈的地震可以在几秒或几十秒的短暂时间内造成巨大的破坏，严重的顷刻之间可使一座城市变成废墟。尤其发生在夜间的地震，后果更为严重；②成纵性：在一个区域，或者一次强烈地震发生后，为调整区域应力场，或岩石破裂的延续活动，往往在某一时间内地震活动呈成纵性出现，连续造成灾害；③续发性：强烈的地震不仅可以直接造成建筑物、工程设施的破坏和人员的伤亡，而且往往引发一系列次生灾害和衍生灾害，造成更大的破坏。如由地震灾害诱发的火灾、水灾、毒气和化学药品的泄漏污染，以及细菌污染、放射性污染等。

（2）分级：地震震级是衡量地震大小的一种度量，每一次地震只有一个震级。它是根据地震时释放能量的多少来划分的，震级可以通过地震仪器的记录计算出来，震级越高，释放的能量也越多。我国使用的震级标准是国际通用震级标准，叫"里氏震级"，分为八级：①一般将小于 1 级的地震称为超微震；②大于、等于 1 级，小于 3 级的称为弱震或微震；③大于、等于 3 级，小于 4.5 级的称为有感地震；④大于、等于 4.5 级，小于 6 级的称为中强震；⑤大于、等于 6 级，小于 7 级的称为强震；⑥大于、等于 7 级的称为大地震；⑦8 级以及 8 级以上的称为巨大地震。

2. 洪涝灾害

（1）特点：①季节性：降雨量有明显的季节性变化，我国洪水发生的季节主要为夏秋季 5～10 月份；②类似性：近 70 年中，全国发生了多次特大洪水，在历史上都可以找到与其成因和分布极为相似的特大洪水；③普遍性：我国地域辽阔，自然环境差异很大，具有产生多种类型洪水和严重洪水灾害的自然条件和社会经济条件。除沙漠、极端干旱区和高寒区外，我国其余大约 2/3 的国土面积都存在不同程度和不同类型的洪水灾害；④区域性：我国洪水灾害以暴雨成因为主,而暴雨的形成和地区关系密切。我国暴雨主要产生于青藏高原和东部平原之间的第二阶段地带,特别是第二阶段与第三阶段(东部平原区)的交界区,成为我国特大暴雨的主要分布地带;⑤破坏性:洪水威胁的严重,从古至今,对我国社会和经济的发展都有着重大的影响,大江大河的特大洪水灾害,甚至带来全国范围的严重后果;⑥可防御性:虽然我们不可能彻底根治洪水灾害,但通过多种努力,可缩小洪水灾害的影响程度和空间范围,减少洪灾损失,达到预防目的。

(2)分级:洪涝灾害等级划分特大灾、大灾、中灾、轻灾四个等级。①一次性灾害造成下列后果之一的为特大灾:a. 在县级行政区域造成农作物绝收面积(指减产八成以上,下同)占播种面积的30%;b. 在县级行政区域倒塌房屋间数占房屋总数的1%以上,损坏房屋间数占房屋总间数的2%以上;c. 灾害死亡100人以上;d. 灾区直接经济损失3亿元以上。②一次性灾害造成下列后果之一的为大灾:a. 在县级行政区域造成农作物绝收面积占播种面积的10%;b. 在县级行政区域倒塌房屋间数占房屋总数的0.3%以上,损坏房屋间数占房屋总间数的1.5%以上;c. 灾害死亡30人以上;d. 灾区直接经济损失3亿元以上。③一次性灾害造成下列后果之一的为中灾:a. 在县级行政区域造成农作物绝收面积占播种面积的1.1%;b. 在县级行政区域倒塌房屋间数占房屋总数的0.3%以上,损坏房屋间数占房屋总间数的1%以上;c. 灾害死亡10人以上;d. 灾区直接经济损失5000万元以上。④中灾以下为轻灾:为体现以人为本的理念,进一步将洪涝灾情等级细分为以下三个等级。a. 轻灾一级:灾区死亡和失踪8人以上;洪涝灾情直接威胁100人以上群众生命财产安全;直接经济损失3000万元以上。b. 轻灾二级:灾区死亡和失踪人数5人以上;洪涝灾情直接威胁50人以上群众生命财产安全;直接经济损失1000万元以上。c. 轻灾三级:灾区死亡和失踪人数3人以上;洪涝灾情直接威胁30人以上群众生命财产安全;直接经济损失500万元以上。

3. 旱灾

(1)特点:①严重性:旱灾是我国农业主要的自然灾害,发生旱灾,会导致粮食产量明显下降。干旱少雨不仅使地表径流和地下水储存减少,泉少干涸,而且造成土地沙化、树木枯死、湖泊干枯、风蚀加剧、水土流失、环境恶化,造成的损失较大。②区域性:我国北部和西部的内蒙古、宁夏、青海、新疆、甘肃、西藏的大部分地区年均降水量不足400mm。因此南方干旱程度较轻,北方干旱程度较重。我国最大的干旱区为黄淮海地区,其干旱发生的次数最多,干旱面积也居全国之首。③季节性与随机性:我国的气候为明显的季风气候,降水量季节差异较大,总的说来夏多冬少。虽然旱灾具有一定的季节性,但对于具体的某一年来说,雨季的到达时间和雨量的多少、非雨季降雨量的多少和时间上的分配,以及年降水总量的大小等都具有一定的随机性。④周期性:从干旱的成因来看,由于干旱的某些影响因素,如太阳黑痣的变化、日月食的出现和厄尔尼诺现象等都具有一定的周期性,因此干旱的发生也一定具有一定的周期性。又因为干旱的发生受到多种因素的影响,因而干旱发生的周期不是单一周期,而是复杂的混合周期。

(2)分级:①特大干旱:连续无降雨天数,春季在61天以上、夏季在46天以上、秋冬季在91天以上,多个区县发生特大干旱,多个县级城市发生极度干旱。②严重干旱:连续无降雨天数,春季达46~60天、夏季36~45天、秋冬季71~90天,数个区县的多个乡镇发生严重干旱,或一个区县发生特大干旱等。③中度干旱:连续无降雨天数,春季达31~45天、夏季26~35天、秋冬季51~70天。多个区县发生较重干旱,或个别区县发生严重干旱等。

④轻度干旱：连续无降雨天数，春季达 16～30 天、夏季 16～25 天、秋、冬季 31～50 天，多个区县发生一般干旱，或个别区县发生较重干旱。

4. 台风

（1）特点：①季节性：一般发生在夏秋之间，最早发生在五月初，最迟发生在十一月；②难以预测性：台风的风向时有变化，常出人预料，中心登陆地点往往难以准确预测；③具有旋转性：其登陆时的风向一般先北后南；④损毁性严重：对不坚固的建筑物、架空的各种线路、树木、海上船只、海上网箱养鱼、海边农作物等破坏性很大；⑤强台风发生常伴有大暴雨、大海潮、大海啸，人力不可抗拒，易造成人员伤亡。

（2）分级：①近中心最大风力在 8～9 级时称为热带风暴；②近中心最大风力在 10～11 级时称为强热带风暴；③近中心最大风力在 12～13 级时称为台风；④近中心最大风力在 14～15 级时称为强台风；⑤近中心最大风力在 16 级及 16 级以上时称为超强台风。

5. 泥石流

（1）特点：①规模大、危害严重：泥石流动过程介于山崩、滑坡和洪水之间，是各种自然因素、人为因素综合作用的结果，因此，一旦发生泥石流具有规模大、危害严重的特点。②活动频繁：我国是多山之国，受岩层断裂等地质构造的影响，许多山体陡峭，岩石结构不稳固，森林覆盖面积不多，遇到季风气候的连阴雨、大暴雨天气，常发生严重的泥石流灾害。③重复成灾：泥石流由山崩、滑坡、地震、洪水重叠在一起的自然灾害，可以直接埋没车站、铁路、公路、摧毁路基、桥涵等设施，致使交通中断，还可引起正在运行的火车、汽车颠覆，造成重大伤亡事故。有时泥石流汇入河流，引起河道大幅度变迁，此外，泥石流还可以冲毁水电站、引水渠道及过沟建筑物，淤埋水电站尾水渠，并淤积水库、磨蚀坝面，还能摧毁矿山及其设施，造成多重灾害。

（2）分级：在国内外的文献报道中，未发现有泥石流的明确分级，部分专家建议可分为四级：①特大泥石流灾害；②重大泥石流灾害；③较大泥石流灾害；④一般泥石流灾害。

二、需求分析

（一）分析指标

灾情、地理地貌、气候特征、人口学特征、传染病疫情、突发公共卫生事件发生情况、医疗卫生服务能力等。

（二）分析的内容

1. **灾情** 是确定卫生应急保障物资的重要指标，通常情况下，卫生应急物资需求量与灾情的严重程度成正比。根据灾害级别、覆盖人口、面积、伤亡人数，影响区域，无家可归人数，倒塌房屋，道路破坏情况等灾情，分析评估卫生应急物资需求量。

2. **地理地貌** 受灾地区的海拔、山区、坝区、平原构成、江、河、湖泊、水源分布特点、交通状况等地理地貌特征，分析卫生应急物资需求。

3. **气候特征** 气温、降雨情况、湿度、风力等也是应急物资需求分析必须考虑的内容。

4. **人口学特征** 人口密度、性别、年龄、民族、职业构成，生活习惯、文化背景、健康意识等因素，对卫生应急物资也有不同的需求。

5. **传染病疫情、突发公共卫生事件发生情况** 根据灾区既往传染病、突发公共卫生事件发生种类、流行强度、特点，分析评估灾后防病、医疗救援应急物资需求。

6. **灾区医疗卫生服务能力**　卫生系统因受灾，出现完全瘫痪，不能提供服务、提供部分服务、能正常工作三种情况，根据不同情况，分析提供卫生应急物资。

三、保障要点

（一）地震

1. **医疗救援装备和物资**　由于地震造成人员的伤害主要是建筑物倒塌等直接原因造成，常见的有机械性损伤、挤压伤和挤压综合征、休克与地震伤感染、烧伤等，因此地震伤救治的药品主要包括镇痛药、抗感染药、止血药、水和电解质类药等。应急医疗装备主要包括诊断设备和手术器械。诊断设备要具备便携性，主要有便携超声诊断仪、移动 X 线机、心电图机、自动生化仪等，其中，移动 X 线机对于骨折诊断非常重要，数字便携式超声诊断仪对于地震中腹部及泌尿系损伤的诊断具有重要意义。手术器械包括：一次性换药包、一次性清创缝合包。

2. **卫生防病装备和物资**

（1）消杀器械及药品：地震造成大量房屋倒塌，许多人和动物尸体、厕所、猪圈被埋在废墟下面，垃圾不能得到及时清理和处理，大量苍蝇滋生，应迅速开展消杀工作。应准备的消杀器械包括：手推式燃油喷雾机、超低容量电动喷雾机、背负式燃油喷雾机、烟雾机，最好配备专用消杀车。使用消毒剂以高效含氯消毒剂为主，如：漂白粉、氯消净、漂精片、泡腾片等。使用的杀虫药物要求高效低毒，如：溴氰菊酯、高效氟氯氰菊酯、奋斗呐等药物，对苍蝇滋生地处理可使用卫生敌敌畏，灭鼠使用溴敌隆、溴鼠灵。

（2）快速检测设备：饮用水对灾区来说十分重要，震后自来水管网遭到破坏，饮用水源来自于井水、山泉水、地下水。由于地震造成地壳变动，地下水层断裂，水源存在不同程度的污染，微生物和理化指标有可能不合格，所以对水源进行快速检测很重要。但是把水带到灾区外的实验室检测很难做到，现场快速检测可以对水的质量有初步了解，判定是否能够饮用，或经过处理后是否能够饮用。水源浑浊时，需在水中加入明矾等净水剂，水质澄清后再进行消毒。消毒后的水要使用余氯剂测试，对于蔬菜等还需要进行快速农药残留检测。

（3）个体防护装备：灾区未出现疫情时，消杀使用防护用品主要包括：一次性帽子、棉纱口罩、眼罩、一次性乳胶手套、橡胶手套、线手套、白大衣、水鞋等，在危楼等建筑物周围消杀时要佩戴安全帽。对腐烂尸体进行消毒时要佩戴半面型呼吸器。出现传染病疫情时可根据情况选择防护服、N95 口罩、全面型呼吸器。

（4）生物制品类：预防用疫苗。主要包括：麻疹、流感、流脑、风疹、腮腺炎、水痘、甲肝、乙脑、出血热、钩体、鼠疫、狂犬病等疫苗。免疫血制品。主要包括：抗狂犬病血清、丙种球蛋白、干扰素、抗蛇毒血清等。

3. **心理干预装备和物资**　心理危机干预评估工具：临床症状自评量表（SCL-90）以及创伤后应激障碍量表（PTSD）等。相关宣传资料和办公设备。

4. **后勤准备**　灾区水、电、住宿、食品来源往往中断，因此，医疗卫生救援的后勤保障必须充分，原则上不要增加灾区群众和政府的负担。后勤准备主要包括食品和生活用品的准备，前者是加工方便的半成品食物，如方便面、方便饭、压缩饼干、脱水蔬菜等，后者有帐篷、手电筒、炊具、折叠床、睡袋等。

5. **通讯办公设备**　由于灾区通讯部分或完全中断，为及时与外界取得联系，将灾区信息传给外界,通讯、影音等设备必不可少。除手机外还要配备卫星电话、GPS、大功率对讲机、指南针、笔记本电脑(无线网卡)、小型打印机、相机、摄像机、笔、纸等。

(二)洪涝灾害

1. 医疗救援装备和物资 洪涝水灾对人的直接伤害,一是淹溺死亡,二是体温迅速下降,导致冻僵或冻死;三是各类创伤,由于建筑物的倒塌,可产生大量挤压伤的伤员,且大多伤情复杂,常常伴有复合性损伤。

淹溺是洪灾救援中的一个特别内容,应增加淹溺急救设备(心肺复苏仪);对于冻伤人员的医疗救援应增加防冻伤的药物(呋喃西林和氢化可的松霜剂)。因此洪灾医疗救援物资与装备,按现场急救医疗队的物资与装备要求,合理增加淹溺急救设备和防冻伤的药物即可。

2. 卫生防病装备和物资

(1)消杀器械及药品:洪涝灾害使供水设施和污水排放条件遭到不同程度的破坏,如厕所、垃圾堆、禽畜棚舍被淹,可造成井水和自来水水源污染,垃圾不能得到及时清理和处理,大量苍蝇滋生,应迅速开展消杀工作。应准备的消杀器械包括:手推式燃油喷雾机、超低容量电动喷雾机、背负式燃油喷雾机、烟雾机,最好配备专用消杀车。使用消毒剂以高效含氯消毒剂为主,如:漂白粉、氯消净、漂精片、泡腾片等。使用的杀虫药物要求高效低毒,如:溴氰菊酯、高效氟氯氰菊酯、奋斗呐等药物,对苍蝇滋生地处理可使用卫生敌敌畏,灭鼠使用溴敌隆、溴鼠灵。

(2)快速检测设备:洪涝灾害期间,饮用水安全性降低,食品原料受到污染,因此要准备一些饮用水和食品的快速检测设备。

(3)个体防护装备:灾区未出现疫情时,消杀使用防护用品主要包括:一次性帽子、棉纱口罩、眼罩、一次性乳胶手套、橡胶手套、线手套、白大衣、水鞋等,在危楼等建筑物周围消杀时要佩戴安全帽。对腐烂尸体进行消毒时要佩戴半面型呼吸器。出现传染病疫情时可根据情况选择防护服、N95口罩、全面型呼吸器。

(4)生物制品类:预防用疫苗,主要包括:麻疹、流感、流脑、风疹、腮腺炎、水痘、甲肝、乙脑、出血热、钩体、鼠疫、狂犬病等疫苗等。免疫血制品,主要包括:抗狂犬病血清、丙种球蛋白、干扰素、抗蛇毒血清等。

3. 心理干预装备和物资 心理危机干预评估工具:临床症状自评量表(SCL-90)以及创伤后应激障碍量表(PTSD)等。相关宣传资料和办公设备。

4. 后勤准备 灾区水、电、住宿、食品来源往往中断,因此,医疗卫生救援的后勤保障必须充分,原则上不要增加灾区群众和政府的负担。后勤准备主要包括食品和生活用品的准备,前者是加工方便的半成品食物,如方便面、方便饭、压缩饼干、脱水蔬菜等,后者有帐篷、手电筒、炊具、折叠床、睡袋等。

5. 通讯办公设备 由于灾区通讯部分或完全中断,为及时与外界取得联系,将灾区信息传给外界,通讯、影音等设备必不可少。除手机外还要配备卫星电话、GPS、大功率对讲机、指南针、笔记本电脑(无线网卡)、小型打印机、相机、摄像机、笔、纸等。

(三)旱灾

1. 医疗救援装备和物资 旱灾一般对人类的直接威胁不如其他自然灾害大,干旱往往带来环境卫生恶化,水源缺乏,饮用水水质恶化,蚊蝇成群,极易引起痢疾、伤寒等传染病的流行。因此旱灾医疗救援物资与装备,按现场急救医疗队的物资与装备要求即可。如干旱发生在夏季,连续高温,又缺乏水,可能会出现大量人员中暑,应特别准备相关的急救设备和药品。

2. 卫生防病装备和物资 饮用水、食品的快速检测试剂、设备为主。

3. 心理干预装备和物资 心理危机干预评估工具:临床症状自评量表(SCL-90)以及创伤后应激障碍量表(PTSD)等。相关宣传资料和办公设备。

(四)台风

1. 医疗救援装备和物资 台风暴雨灾害对人的伤害主要包括:一是灾害可发生泥石流或山体大滑坡以及房屋倒塌,将人员掩埋于泥浆砂石土体中,使伤员不能呼吸发生不同程度的窒息。二是台风灾害发生后,由于建筑物倒塌而产生大量的挤压伤病员。

台风暴雨灾害医疗救援物资与装备,按现场急救医疗队的物资与装备要求,合理增加止血、固定、搬运及抗窒息、心肺复苏类设备。

2. 卫生防病装备和物资

(1)消杀器械及药品:由于台风常伴发洪涝灾害,使得供水设施和污水排放条件遭到不同程度的破坏,如厕所、垃圾堆、禽畜棚舍被淹,可造成井水和自来水水源污染,垃圾不能得到及时清理和处理,大量苍蝇滋生,应迅速开展消杀工作。

因此,应准备的消杀器械包括:手推式燃油喷雾机、超低容量电动喷雾机、背负式燃油喷雾机、烟雾机。使用消毒剂以高效含氯消毒剂为主,如:漂白粉、氯消净、漂精片、泡腾片等。使用的杀虫药物要求高效低毒,如:溴氰菊酯、高效氟氯氰菊酯、奋斗呐等药物,对苍蝇滋生地处理可使用卫生敌敌畏,灭鼠使用溴敌隆、溴鼠灵。

(2)快速检测设备:饮用水和食品的快速检测设备。

(3)个体防护装备:灾区未出现疫情时,消杀使用防护用品主要包括:一次性帽子、棉纱口罩、眼罩、一次性乳胶手套、橡胶手套、线手套、白大衣、水鞋等,对腐烂尸体进行消毒时要佩戴半面型呼吸器。出现传染病疫情时可根据情况选择防护服、N95口罩、全面型呼吸器。

(4)生物制品类:预防用疫苗,主要包括:麻疹、流感、流脑、风疹、腮腺炎、水痘、甲肝、乙脑、出血热、钩体、鼠疫、登革热、狂犬病等疫苗等。免疫血制品,主要包括:抗狂犬病血清、丙种球蛋白、干扰素、抗蛇毒血清等。

3. 心理干预装备和物资 心理危机干预评估工具:临床症状自评量表(SCL-90)以及创伤后应激障碍量表(PTSD)等。相关宣传资料和办公设备。

4. 后勤准备 灾区水、电、住宿、食品来源往往中断,因此,医疗卫生救援的后勤保障必须充分,原则上不要增加灾区群众和政府的负担。后勤准备主要包括食品和生活用品的准备,前者是加工方便的半成品食物,如方便面、方便饭、压缩饼干、脱水蔬菜等,后者有帐篷、手电筒、炊具、折叠床、睡袋等。

5. 通讯办公设备 由于台风,通讯部分或完全中断,为及时与外界取得联系,将灾区信息传给外界,通讯、影音等设备必不可少。除手机外还要配备卫星电话、GPS、大功率对讲机、指南针、笔记本电脑(无线网卡)、小型打印机、相机、摄像机、笔、纸等。

(五)泥石流

1. 医疗救援装备和物资 泥石流对人员伤害以挤压性外伤、骨折、淹埋造成呼吸道阻塞性窒息为主要特征。

泥石流灾害医疗救援物资与装备,按现场急救医疗队的物资与装备要求,合理增加清理呼吸道的负压吸引器,同时增加心肺复苏类装备。针对外伤的治疗增加抗生素,抗破伤风血清及破伤风类毒素。

2. 卫生防病装备和物资

(1) 消杀器械及药品:消杀器械包括:手推式燃油喷雾机、超低容量电动喷雾机、背负式燃油喷雾机、烟雾机。使用消毒剂以高效含氯消毒剂为主,如:漂白粉、氯消净、漂片片、泡腾片等。使用的杀虫药物要求高效低毒,如:溴氰菊酯、高效氟氯氰菊酯、奋斗呐等药物,对苍蝇滋生地处理可使用卫生敌敌畏,灭鼠使用溴敌隆、溴鼠灵。

(2) 快速检测设备:饮用水和食品的快速检测设备。

(3) 个体防护装备:灾区未出现疫情时,消杀使用防护用品主要包括:一次性帽子、棉纱口罩、眼罩、一次性乳胶手套、橡胶手套、线手套、白大衣、水鞋等,对腐烂尸体进行消毒时要佩戴半面型呼吸器。出现传染病疫情时可根据情况选择防护服、N95口罩、全面型呼吸器。

(4) 生物制品类:预防用疫苗,主要包括:麻疹、流感、流脑、风疹、腮腺炎、水痘、甲肝、乙脑、出血热、钩体、鼠疫、登革热、狂犬病等疫苗等。免疫血制品,主要包括:抗狂犬病血清、丙种球蛋白、干扰素、抗蛇毒血清等。

3. 心理干预装备和物资 心理危机干预评估工具:临床症状自评量表(SCL-90)以及创伤后应激障碍量表(PTSD)等。相关宣传资料和办公设备。

4. 后勤准备 灾区水、电、住宿、食品来源往往中断,因此,医疗卫生救援的后勤保障必须充分,原则上不要增加灾区群众和政府的负担。后勤准备主要包括食品和生活用品的准备,前者是加工方便的半成品食物,如方便面、方便饭、压缩饼干、脱水蔬菜等,后者有帐篷、手电筒、炊具、折叠床、睡袋等。

第二节 突发公共卫生事件卫生应急物资保障

一、概念与特征

(一)概念与特征

《突发公共卫生事件应急条例》将突发公共卫生事件定义为:"突然发生,造成或者可能造成社会公众健康严重损害的重大传染病疫情、群体不明原因疾病、重大食物和职业中毒以及其他严重影响公众健康的事件"。

突发公共卫生事件具有以下特征:

1. 突发性 突发公共卫生事件都是突然发生、突如其来的。一般来讲,突发公共卫生事件的发生是不易预测的,但突发公共卫生事件的发生与转归也具有一定的规律性。

2. 公共属性 突发公共卫生事件所危及的对象,不是特定的人,而是不特定的社会群体。所有事件发生时在事件影响范围内的人都有可能受到伤害。

3. 危害的严重性 突发公共卫生事件可能对公众健康和生命安全、社会经济发展、生态环境等造成不同程度的危害,这种危害既可以是对社会造成的即时性严重损害,也可以是从发展趋势看对社会造成严重影响的事件。

突发公共卫生事件对公众健康的影响表现为直接危害和间接危害两类。直接危害一般为事件直接导致的即时性损害。间接危害一般为事件的继发性损害和危害。例如,事件引发公众恐惧、焦虑情绪等,对社会、政治、经济产生影响。

（二）突发公共卫生事件的分级与分类

1. 突发公共卫生事件的分级　根据突发公共卫生事件性质、危害程度、涉及范围,突发公共卫生事件划分为特别重大（Ⅰ级）、重大（Ⅱ级）、较大（Ⅲ级）和一般（Ⅳ级）四级。其中,特别重大突发公共卫生事件主要包括:①肺鼠疫、肺炭疽在大、中城市发生并有扩散趋势,或肺鼠疫、肺炭疽疫情波及 2 个以上的省份,并有进一步扩散趋势;②发生传染性非典型肺炎、人感染高致病性禽流感病例,并有扩散趋势;③涉及多个省份的群体性不明原因疾病,并有扩散趋势;④发生新传染病或我国尚未发现的传染病发生或传入,并有扩散趋势,或发现我国已消灭的传染病重新流行;⑤发生烈性病菌株、毒株、致病因子等丢失事件;⑥周边以及与我国通航的国家和地区发生特大传染病疫情,并出现输入性病例,严重危及我国公共卫生安全的事件;⑦国务院卫生行政部门认定的其他特别重大突发公共卫生事件。

2. 突发公共卫生事件的分类　按突发公共卫生事件的性质可分为:①重大传染病疫情,是指某种传染病在短时间内发生、波及范围广泛,出现大量的患者和死亡病例,其发病率远远超过常年的发病率水平。②群体性不明原因疾病,是指在短时间内,某个相对集中的区域内,同时或者相继出现具有共同临床表现患者,且病例不断增加,范围不断扩大,又暂时不能明确诊断的疾病。③重大食物中毒和职业中毒事件,是指由于食品污染和职业危害的原因,而造成的人数众多或伤亡较重的中毒事件。④核事故和放射事故,是指由于放射性物质系或其他放射源造成或可能造成公众健康严重影响或严重损害的突发事件。⑤生物恐怖:是指某些国家、组织或个人在战争期间或和平年代基于某种政治目的,使用致病性微生物(主要是烈性传染病病原体)或生物毒素作为袭击手段,通过一定方式、途径撒播,造成人群中传染病暴发、流行或中毒,导致人的失能和死亡,以期引发人们的恐慌和社会动荡。⑥其他严重影响公众健康的事件:群体性预防接种反应和药物反应、严重医源性感染、自然灾害等。

二、需求分析

（一）指标

事件种类、级别、事件地区的地理地貌、气候特征、人口学特征、卫生应急储备能力等。

（二）内容

1. 事件种类　是确定卫生应急保障物资的重要指标,传染病暴发、食物中毒、职业中毒等不同类型的事件,卫生应急物资需求完全不同,根据事件类型进行应急物资保障需求分析。

2. 事件级别　物资需求量与事件的严重程度成正比,根据事件级别、发病人数、死亡人数、波及地区及人口数等,潜在的公共卫生影响、危害和威胁,分析评估卫生应急物资需求量。

3. 人口学特征　发生事件地区人口密度、性别、年龄、民族、职业构成,生活习惯、文化背景、健康意识等因素,也是应急物资需求分析必须考虑的重要内容。

4. 地理地貌　事件发生地区的海拔、山区、坝区、平原构成、江、河、湖泊、水源分布特点、交通状况等地理地貌特征,同样影响卫生应急物资需求。

5. 气候特征　气温、降雨情况、湿度、风力等因素,也对卫生应急物资也有不同的需求。

6. 卫生应急物资储备能力　发生事件地区卫生应急物资储备能力，也是进行应急物资需求分析的重要基础。

三、保障要点

卫生应急保障物资主要分为医疗救援、卫生防疫、中毒、核和辐射、心理干预、后勤保障六类。

1. 传染病暴发事件　除通用应急物资外，重点分析准备下列保障物资：①防护用品及装备；②现场消毒、杀虫、灭鼠药品和设备；③抗生素、抗疟、驱虫药；④病原微生物检测试剂、设备；⑤应急接种的生物制品及物资。

2. 食物中毒事件　重点分析保障的物资：①危重患者的抢救设备、强心剂、神经阻断剂、催吐、保肝等急救药品；②现场消毒、杀虫药品和设备；③现场快速检测试剂及设备；④防护用品和设备。

3. 化学毒物、职业中毒　优先考虑的物资：①危重患者的抢救设备和药品；急救转运车，必备的现场救治特效解毒药品（亚硝酸异戊酯、亚硝酸钠、4-二甲氨基苯酚、硫代硫酸钠、亚甲蓝、二巯丙磺钠、二巯丁二钠、依地酸钙钠、阿托品、碘解磷定、氯磷定、乙酰胺）；②现场检测设备：气体检测仪、毒物检测箱、傅立叶固液毒物检测仪、可移动（便携式）气相色谱质谱仪；③个体防护装备：呼吸防护器、防护服、防护手套、防护眼镜、防护靴、防护帽等；④中毒现场洗消设备；⑤调查检验装备：为流行病学调查和采集、处理和运送实验室检验样品的必要装备。

4. 核和辐射事故　核和辐射事件重点分析以下物资保障：辐射检测装备、个体防护装备、辐射应急药品箱、现场洗消装备、生物样品采集装备。

5. 预防接种副反应　以医疗救治和心理干预为主的应急物资保障。

6. 群体性不明原因疾病　群体性不明原因疾病事件的应急物资保障是最复杂和困难的，只能根据事件的级别、发病的人数、死亡人数、临床特征、流行病学特征等，根据应急物资需求的重要性和必要性，分为优先级卫生应急物资、次优先级卫生应急物资和非优先级卫生应急物资三级来分析准备。

第三节　事故灾难卫生应急物资保障

一、概念与特征

（一）概念

《国家突发公共事件总体应急预案》中所称突发公共事件是指突然发生，造成或者可能造成重大人员伤亡、财产损失、生态环境破坏和严重社会危害，危及公共安全的紧急事件。根据突发公共事件的发生过程、性质和机制，突发公共事件主要分为四类，事故灾难是其中之一。事故灾难主要包括工矿商贸等企业的各类安全事故，交通运输事故，公共设施和设备事故，环境污染和生态破坏事件等。

实际上，事故灾难的范围非常广泛，包括火灾、爆炸、恐怖袭击、有毒物质和放射性物资泄漏、集体中毒、空难、海难、矿难、铁路公路与内河航运的交通事故、建筑物倒塌、大型体育活动和娱乐活动发生的群死群伤。近年来,事故灾难主要呈现如下特点:总体数量呈上升趋势,人员伤亡数量多、物资损毁严重,事件影响范围大,社会关注度高。

(二)特征

事故灾难具有如下一些基本特征:

1. 突发性 事件实际发生的时间和地点有一定的不可预见性,可供人们预警的时间很短,且一般会造出预料之外、令人触目惊心的灾难性后果。

2. 灾难性 这是此类事件最显著的一个特征。包括会造出大量的人员伤亡,有严重的经济损失,具有深远的负面社会影响,受影响的群众会遭受较沉重的信息冲击。如果政府部门处置不妥当,有可能使公众失去对政府的信任,这种不满令一些别有用心的人利用后,可能会造出更加深远的社会影响。

3. 不确定性 事件发生的事件和地点具有偶然性,且其发展变化过程具有明显的不确定性。事故灾难一般很难用常规性的规则来判断,如处置不当,造成的损害后果会出现不同程度的扩大,甚至导致更大范围的严重的社会危机。

4. 连带性 原则上,事件一旦发生要立即有效得到处置。但是由于事故灾难可供应急处置的时间短、信息缺乏、所需要的人员和物资无法在短时间内组织起来,或者由于处置中措施适用不当,继而引起另一起事件,造成更大的损失。即小事件的处置不当引起灾难性事件属于连带性,事件初期的任何决策、判断、指挥和操作失误都会造成不应有的连带损失。

5. 信息不充分 事件本身的突发性和不确定性,加上事件发展演变过程中新情况的出现,由于受到某些客观条件的限制,人们在有限的时间内无法及时获得充足的、有用、真实的信息,从而无法为科学正确决策提供信息支持。

(三)分级分类

安全生产事故灾难按照事故已造成的经济损失和人员伤亡情况分为四级:

1. 一般级 造成 10 人以下重伤(中毒)或 3 人以下死亡(含失踪);100 万元以上 1000万元以下直接经济损失的事故。

2. 较大级 造成 10 人以上 50 人以下重伤(中毒)或 3 人以上、10 人以下死亡(含失踪);直接经济损失 1000 万元以上 5000 万元以下。

3. 重大级 造成 50 人以上 100 人以下重伤(中毒)或 10 人以上、30 人以下死亡(含失踪);直接经济损失 5000 万元以上 1 亿元以下。

4. 特别重大级 造成 100 人以上重伤(中毒)或 30 人以上死亡(含失踪);直接经济损失 1 亿元以上。

二、需求分析

(一)事故灾难的危害

事故灾难除了造成巨大的经济损失和一系列社会影响外,往往还会造成惨重的人员伤亡,社会危害巨大。由于事故灾难发生的突然性和不确定性,任何处于危险范围内的人都有可能成为直接受害者或间接受害者。上述两方面人群都是医疗卫生救援的对象和目标人群。

直接受害者是指事故中直接受到伤害或死亡的人员。配合有关部门作好死亡人员的登记处理,重点是做好事故中受伤人员的及时抢救工作,以使其尽快恢复健康。间接受害者主要包括应急处置人员和一定范围内的公众。应急处置人员主要是指在灾难发生后迅速到达现场处于的应急救援人员,如公安和消防官兵等,由于是在现场各种危险因素尚未清除的情况下进入的,他们的自身安全受到了极大威胁,有可能成为间接受害者。另外,事故灾害可能会对环境造成极大破坏,如毒气泄漏、化学物质污染水源、核辐射素等,一定范围内的居民生活环境遭到破坏,被迫转移和异地临时安置。

(二)需求分析

事故灾难中应急救援工作主要包括:减轻事故危害,避免事故扩大和恶化,避免减少人员伤亡,减少财产损失,减少对环境破坏,维护社会稳定。其中非常重要的一条原则是避免和减少人员伤亡,同时作好应急救援人员的安全防护和群众的安全防护。卫生应急救援最主要的任务是紧急医疗救援,最大程度地挽救生命、减少伤残。做好卫生应急物资和装备保障是事故灾难卫生应急救援的重要工作。

1. 事故灾难常常会造成人员伤亡,对生命健康构成巨大威胁。如 2003 年 12 月 23 日,重庆市开县境内发生井喷事件,大量含有高浓度硫化氢的天然气喷出并迅速扩散,由于处置不当,结果造成 243 人死亡,2142 人中毒住院,6.5 万名当地群众被迫紧急疏散转移,属特大恶性事故灾难。

2. 在事故灾难造成直接的人员伤亡外,要作好防范次生、衍生灾害的威胁,避免造成更大的人员伤亡。

3. 核放射事故中可能会面临有害的电离辐射,如光热辐射、冲击波、核辐射、放射性核素污染等,这些都会对人体健康造成伤害,要作好事故周边地区公众的疏散、防护和保护。如 2011 年日本地震造成的核事故泄漏。

4. 工业事故、交通运输事故可能会有化学毒剂泄漏,对周边群众健康造成危害。如 2005 年 11 月吉林石化双苯厂爆炸造成的"松花江水污染"事件,由于爆炸浓烟对人体呼吸道危害巨大,工厂周边中污染区 3 万居民被迫撤离。

5. 事故灾难有时由于信息不畅,可能会造成恐慌,要加强风险共同,以及对公众的心理辅导和干预。

三、保障要点

事件发生后,受灾群众往往数量众多,有伤病人员甚至是面临生命危险,有的无家可归、流离失所,急需在医疗、饮食、精神安慰和家园重建方面给予帮助和支持。各级政府有责任和义务积极采取措施对受害人员进行救治和安置。包括对受伤人员进行紧急救治,对受伤人员进行紧急救治,对受影响群众提供安置、食品、饮用水、药物等。

事故灾难卫生应急救援工作的重中之重是伤病人员的医疗卫生救援,并作好应急救援人员的安全防护和群众的安全防护,故卫生应急物资保障也应以此工作为基础来开展,主要内容以紧急医疗卫生救援的物资和装备储备为重要内容。同时,由于事故灾难事件的特殊性,作好应急物资保障时有所侧重和兼顾:

1. 结合当地实际情况,配合卫生行政部门研究提出医疗卫生救援应急药品、医疗器械、设备、快速检测器材和试剂、卫生防护用品等物资的储备计划建议。

2. 在《卫生应急队伍物资和装备》目录的基础上,结合本地区的实际情况,为各类卫生应急队伍配置现场应急装备,并作好相应的应急物资储备。

3. 事故灾难事件卫生应急救援的重点是医疗救援,公共卫生应对为辅。

4. 在开展风险评估的基础上,作好医疗卫生队伍的常规物资和装备储备,如日常的交通工具、急救设备与药品等。同时,考虑本区域或地区经济发展特点,作好专业器材的准备。

5. 加强卫生应急队伍的培训演练,在检验预案的基础上,使卫生应急人员进一步熟悉应急物资的种类、使用和维护等,确保物资与人员的配合到位。

第四节　社会安全事件卫生应急物资保障

一、概念与特征

(一)概念

《国家突发公共事件总体应急预案》根据突发公共事件的发生过程、性质和机制,突发公共事件主要分为四类,社会安全事件是其中之一。总则中规定:"社会安全事件主要包括恐怖袭击事件、经济安全事件和涉外突发事件等。

社会安全事件一旦发生,可能会造成重大人员伤亡、重大财产损失和对部分地区的经济社会稳定、政治安定构成重大威胁,并有重大社会影响。一般包括重大刑事案件、重特大火灾事件、恐怖袭击事件、涉外突发事件、金融安全事件、规模较大的群体性事件、民族宗教突发群体事件、学校安全事件以及其他社会影响严重的突发性社会安全事件。

(二)基本特征

社会安全事件除了具备突发事件的共同特性外,还具有与其他三类突发事件不同的特性。

1. 社会安全事件具有社会性　社会安全事件不同于一般个案和具体违法犯罪案件,其影响范围足以引起所谓"社会性"或"公共性"的程度,可能引起公众的高度关注,对社会治安秩序、社会公共安全、公私财产造成严重威胁或者损害。

2. 社会安全事件具有紧急性　主要体现在一是多数事件的暴发极具突然性,在发生前往往不被察觉,或者没有引起政府及公众的重视,甚至可能被认为不可能发生。二是政府及公众难以获得准确和全面的信息,从而对事件的性质、发展态势往往不能准确把握。三是社会安全事件发展迅速,其事态在短时间内能够快速扩大并酿成严重后果,急需政府及其职能部门在有限的时间内和有限的信息情况下开展处置工作,采取各种应急措施,以遏制事态的紧急扩张并恢复公共秩序,否则会造成更严重的社会危害和后果。

3. 具有严重的危害性　社会安全事件一般式采取违法或者不当的手段、方式、损害公共财产,危及公共安全,破坏社会秩序,对现存的社会稳定状态构成现实的、比较严重的威胁或损害。

4. 社会安全事件具有演变性　事件的发生和发展通常呈现由潜伏期、酝酿期、暴发期、激化期等阶段并逐步演化发展。由于受到公众心理变化以及各种突发情景因素的影响,其演变过程可能在某个阶段产生突进式变化。事件在发展过程中一般会产生连锁反应,某类社会安全事件极可能引起次生事件或衍生事件。

5. 社会安全事件需要采取特别的措施予以应对　社会安全事件一般会导致一定区域乃至更大范围内常态行政管理机制的失灵,政府及其职能部门采取常规方式难以应对,需启动应急管理状态,迅速采取各种应急措施进行处置。应急状态下的应对措施比常态的行政执法手段更加严格、苛刻,有时甚至需要暂时中止正常的法律秩序乃至于影响公民的部分基本权利。为了实现更为重大迫切的公共利益,必须采取这样的措施进行处置,以维护社会秩序和公共安全,并从根本上保障公众的最大利益。

（三）分级分类

按其性质、可控性、严重程度和影响范围等因素,一般分为四级:一般、较大、重大、特别重大。对应的应急响应级别分为四个级别:Ⅳ级、Ⅲ级、Ⅱ级、Ⅰ级。

1. **特别重大** 参与人数 3000 人以上,冲击、围攻县级以上党政军机关和要害部门;或打、砸、抢、烧乡镇级以上党政军机关的事件;阻断铁路干线、国道、省道、高速公路和重要交通枢纽、城市交通 8 小时以上,或阻挠、妨碍国家重点建设工程施工、造成 24 小时以上停工;或阻挠、妨碍省重点建设工程施工、造成 72 小时以上停工的事件;或造成 10 人以上死亡或 30 人以上受伤;或高校内人群聚集失控,并未经批准走出校门进行大规模游行、集会、绝食、静坐、请愿等,引发跨地区连锁反应,严重影响社会稳定的事件;或参与人数 500 人以上,或造成重大人员伤亡的群体性械斗、冲突事件。

2. **重大群体性事件** 参与人数在 1000 人以上,3000 人以下,影响较大的非法集会、游行示威、上访请愿、聚众闹事、罢工(市、课)等,或人数不多但涉及面广和有可能进京的非法集会和集体上访事件;或阻断铁路干线、国道、省道、高速公路和重要交通枢纽、城市交通 4 小时以上的事件;或造成 3 人以上 10 人以下死亡;或 10 人以上 30 人以下受伤的群体性事件;或高校校园网上出现大范围串联、煽动和蛊惑信息,造成校内人群聚集规模迅速扩大并出现多校串联聚集趋势,学校正常教学秩序受到严重影响甚至瘫痪,或因高校统一招生试题泄密引发的群体性事件;或参与人数 100 人以上 1000 人以下,或造成较大人员伤亡的群体性械斗、冲突事件;或涉及境内外宗教组织背景的大型非法宗教活动,或因民族宗教问题引发的严重影响民族团结的群体性事件;或因土地、矿产、水资源、森林、水域、海域等权属争议和环境污染、生态破坏引发,造成严重后果的群体性事件;或已出现跨省区市或跨行业影响社会稳定的连锁反应,或造成了较严重的危害和损失,事态仍可能进一步扩大和升级的事件。

3. **较大群体性事件** 参与人数在 100 人以上、1000 人以下,影响社会稳定的事件;或在重要场所、重点地区聚集人数在 10 人以上,100 人以下,参与人员有明显过激行为的事件;或已引发跨地区、跨行业影响社会稳定的连锁反应的事件;或造成人员伤亡,死亡人数 3 人以下、受伤人数在 10 人以下的群体性事件。

4. **一般群体性事件** 未达到较大群体性事件级别的为一般群体性事件。

二、需求分析

20 世纪我国社会经济呈现"发展机遇期"与"矛盾凸显期"并存的格局,一方面改革开放的深入极大唤醒和激发了社会活力,经济持续快速发展,社会财富加速积累;另一方面,社会结构转型和社会利益格局的剧烈变动,各种矛盾逐步积累,某些矛盾尖锐化并暴发,导致群体性事件发生。自"9·11"恐怖袭击以后,突发性社会安全事件成为全世界的焦点,同时,中国正逐步走向国际化,随着国际性活动越来越多地在中国举行,如 2008 年奥运会、2010 年上海世博会等,由此使恐怖事件的暴发更具有不确定性。

社会安全事件中以恐怖袭击事件为特殊,涉及核、生物、化学等三种不同类型,除作好紧急医疗救治外,核生化恐怖袭击危害造成的救援具有特殊性。

(一)生物恐怖袭击

生物恐怖袭击是指人为故意施放致病性微生物或毒素为手段进行的恐怖活动行动。生物恐怖袭击使用的微生物或毒素不限于生物战剂的种类。生物恐怖袭击危害后果严重,对人体、动物和植物都具有很大威胁。能引发个体发病、中毒或死亡,引起群体性的疾病暴发或流行;人畜共患病病原体的袭击会同时伤及人和易感动物。

WHO 在《公共卫生队生物和化学武器的反应》(2004 年)中列出了生物恐怖袭击公认的可作为生物战剂的种类有 48 种,包括细菌和立克次体 17 种、病毒 20 种、毒素 11 种。最可能使用的细菌类有炭疽芽孢杆菌、鼠疫杆菌、土拉菌、布氏杆菌病和立克次体;病毒类有天花病毒、出血热病毒和脑炎病毒;毒素类有肉毒毒素、葡萄球菌肠毒素和蓖麻毒素。非生物战剂种类主要指肠道病原体、如沙门菌和痢疾,污染的方式是污染成品或半成品食物,引起群发性胃肠炎。

(二)化学性恐怖袭击事件

是指恐怖分子以有毒有害化学品为手段进行的恐怖活动,造成一种或几种有毒有害物质释放,能在短期或较长时间内损害生命健康或危害环境的突发事件。化学性恐怖事件可引起疾病、损伤、残疾或死亡,以及有毒有害物质的释放、火灾及爆炸等。化学恐怖事件没有规律,往往带有政治报复性和刑事犯罪行为,严重危害公众健康,所造成的社会影响极大。

化学性恐怖袭击的特点:一是突发性,化学恐怖毒性化合物作用迅速、危及范围大,往往是突发的和难以预料的;二是群体灾害性,毒性化合物在较短时间内可同时导致多人中毒,爆炸性化学物质引起的爆炸可在极短时间内使多人死伤;三是隐匿性,有害物质的种类在初期不易确定,事态的扩大不能很快得到控制,中毒患者经常被误诊,四是机体损害的多样性,除可造成死亡外,也可引起人体各器官系统暂时或永久的功能性或器质性损害,还影响到后代。

目前,经常使用的化学毒剂的范围大致有:一是军用化学毒剂,如沙林、芥子气等;二是工业毒物,如氰化物、砷、汞化合物等;三是农药与鼠药,如有机磷农药、毒鼠强等;四是生物毒素,如蓖麻毒素、烟碱等。

(三)核与辐射恐怖袭击

核与辐射恐怖事件是恐怖分子为达到其政治或社会目的,恶意制造的涉及放射性物质或辐射的恐怖事件,主要后果是造成放射性物质扩散,人员受到辐射照射或受到冲击波造成的直接伤亡,环境受到污染,对社会产生极坏的心理和社会影响。制造核与辐射恐怖事件的方式包括直接散布放射性物质或使用放射性散布装置,攻击破坏核设施或核活动,爆炸粗糙的核武器。

核与辐射恐怖事件的主要危害一般来自放射性物质在环境中的弥散,会造成环境(大气、水、地面、生态系统)的放射性污染,对公众产生辐射照射。对人体的照射既可以是放射性物质的直接外照射,也可以通过吸入污染的空气或食入污染的水与食物引起的内照射。辐射照射对人体的危害因人所受剂量大小而异。剂量很低时不会有急性效应发生。随着受照剂量增大,受照人数增加,发病率会有所增加。只有在剂量较高时,才可能出现某些急性的健康效应,在高剂量情况下有可能会导致急性放射病甚至死亡。

三、保障要点

国家建立统一领导、综合协调、分类管理、分级负责、属地管理为主的应急管理体制。社会安全事件一般由事发地的县级以上人民政府负责组织处置，政府有关主要部门主要是公安部门具体承办，其他部门配合。按照宪法和人民警察法的规定，公安机关接受同级人民政府和上级公安机关的双重领导。按照统一领导、分级负责的工作要求，县级以上人民政府对即将发生或者已经发生的社会安全事件，应当立即向上一级人民政府报告，必要时可以越级上报。

恐怖袭击作为社会安全事件的主要类型，在作好紧急医疗救治的同时，应急救援工作还具有一定的特殊性。恐怖袭击发生的情况多种多样，而伤员的伤情也会千变万化，如多发伤、复合伤、病原微生物感染、窒息性气体中毒、刺激性气体中毒等。急救人员应在各单位挑选专职急救医生、护士、救护车司机和担架员，要应对今后可能发生的恐怖袭击事件，急诊医疗服务体系必须在急救人力、物力的配备上高标准、严要求。

（一）生物恐怖袭击

1. 需要有效的公共卫生监测基础和本底资料对比分析 疾病监测、症状监测、水源性和食源性疾病、空气监测、饮用水和食品卫生监测等开展所需要的设备和物资。

2. 灵敏可靠的样本采集和检验能力 生物气溶胶监测、可疑物及环境标本、可疑邮件、可疑病媒昆虫动物标本和伤病员的临床标本采集，致病微生物、毒素本身的抗原或核酸，伤病员血清特异性抗体监测，敏感动物致病力和毒力检验等所需要的器材、设备、血清、诊断试剂等。

3. 全面系统的生物医学防护能力 相应类别卫生应急队伍的个体防护装备配置；疫苗可保护疾病如天花、黄热病疫苗，炭疽和鼠疫的预防保护药品，肉毒抗血清等血液制品的储备。

4. 消毒装备和药品的储备 事件发生后的污染洗消工作，包括对人员、设备、饮用水、食品、生活和工作环境的消毒。

（二）化学性恐怖袭击

对于受化学恐怖事件伤害的患者首要进行分级，对中毒等因素所致的多重损伤进行兼顾和并治，迅速组织强有力的抢救组进行抢救，加强治疗和护理。

高度重视化学恐怖伤后 1 小时内黄金抢救时间和 10 分钟的白金抢救时间。作好院前急救的运输、装备、物资和药品等储备，使伤员在尽可能短的时间内获得最确切的救治，提高抢救成功率，降低死亡率和致残率。

1. 参照中毒类卫生应急队伍的装备和物资储备要求，建立相关卫生应急队伍，并做好相关物资保障工作。

2. 毒物采集、运输、检测分析装备，以及相关配套试剂、标准品和样品等储备。

3. 个体防护和群体防护的物资储备。个人防护用品、特效解毒药物和治疗药品等；伤员和环境的洗消物资和设备。

（三）核辐射恐怖袭击

1. 辐射防护和检测 人体现场辐射检测、食品和饮用水放射性污染检测，以及救援队成员的辐射防护监测所需要的仪器装备。如 γ 辐射巡测仪（环境级）、便携式 γ 谱仪、便携式水中放射性检测仪。

2. 人员分类和去污 指导和做好受放射性污染人员的去污工作,装备包括人员放射性污染检测仪器,如污染检测仪,α/β 表面污染监测和 β/γ 表面污染监测仪。

3. 医疗救治 作好伤病员的初步分类、对非放射性损伤和放射性损伤患者的现场急救、对受放射性污染伤员的去污和治疗、对受放射性内污染人员的阻吸收和促排治疗、生物样品的采集、处理和保存等。装备包括放射性去污箱、核应急药箱、生物样品采集和处理、通用急救器械和药品。

4. 个体防护装备 C 级防护服、全面型呼吸防护器、全面罩滤膜、半面罩滤盒、半面型呼吸防护器、防护口罩、防护眼镜、防护靴、防护靴套。

第五节　大规模集会和重大活动卫生应急物资保障

随着改革开放的不断深入和社会经济的持续发展,综合国力增强、国际地位日益提高,国家和各地举办的高级别的各类国际、国内重要会议、重大活动、体育赛事越来越多,规模和范围不断扩大,如 2008 年北京第 28 届奥运会、2009 年 60 周年国庆、2010 年上海世界博览会、2010 年广州亚运会,中非论坛、G20 峰会,2011 年西安世园会等。这些活动为推动国家社会经济发展、展示国家良好形象、扩大国内外影响具有十分重大的意义。同时,各级卫生部门承担的卫生保障任务也愈来愈繁重,压力越来越大,做好活动期间的物资和装备保障工作是卫生保障的重要内容,对于活动成功举行意义重大。做好卫生保障工作也成为卫生部门一项基本常规工作。

一、概念与特征

目前,关于大规模集会活动和重大活动没有统一的定义。

为了加强对大型群众性活动的安全管理,保护公民生命和财产安全,维护社会治安秩序和公共安全,2007 年国务院颁布《大型群众性活动安全管理条例》。管理条例中所称的大型群众性活动是指法人或者其他组织面向社会公众举办的每场次预计参加人数达到 1000 人以上的下列活动:体育比赛活动;演唱会、音乐会等文艺演出活动;展览、展销等活动;游园、灯会、庙会、花会、焰火晚会等活动;人才招聘会、现场开奖的彩票销售等活动。国外一些学者给出大规模集会活动定义,指 1000 多人参加的、特定地点、规定的时间内开展的活动。也有文献将大规模集会活动的参加人数定义在 25 000 人以上。2006 年,原卫生部印发《重大活动食品卫生监督规范》,其中对重大活动进行了解释,重大活动一般是指具有特定规模的政治、经济、文化、体育及其他重大社会活动。

大规模集会活动和重大活动的公共卫生目标包括预防伤害、疾病风险、使伤害的风险最小化,并尽最大可能确保参与者、观众、工作人员、周边公众的健康与安全。大规模集会活动和重大活动的卫生保障任务单元主要包括紧急医疗救治、疾病预防控制和卫生监督工作。

卫生部对重大活动和大规模集会活动的卫生应急保障工作没有明确和统一的定义。原则上建议卫生应急保障工作实施分级管理。重大活动可分为三级:一级:党和国家举行的重大会议和活动、重大国际外交活动、重大国际国内体育赛事等及与之相应的重大活动。

二级：中央、国务院各部委、各省、自治区、直辖市人民政府举办的重要会议和活动、洲际体育赛事和国际单项体育赛事活动、国际性重要会议等及与之相应的重大活动。三级：市级人民政府举办的重大活动。也可参照国内外重大活动警卫安全分级标准对重大活动和大规模集会活动进行分级管理。

二、需求分析

大规模集会活动和重大活动期间可能涉及的公共卫生应急准备工作包括：医疗救治能力和群死群伤事故的应急准备；疾病监测与突发疾病的准备；环境卫生与食品安全；针对爆炸物、生物和化学物质以及核放射性物质的故意使用（核生化恐怖袭击）；以及可能相关事件的公共卫生应急准备与响应。各级医疗卫生部门要针对上述可能的突发事件，在开展卫生应急风险评估的基础上，有针对性地做好卫生应急物资和装备保障工作。

通常大规模集会活动带来的公共卫生风险大于类似规模的自然集会可能产生的风险。可能产生的公共卫生风险主要包括：

（一）发生肠道传染病和食物中毒等食源性疾病

如食用不洁食品导致的食物中毒，误将亚硝酸盐作为食盐导致的化学性食物中毒。

（二）急性呼吸道传染病暴发流行

如 2003 年的"SARS"疫情、人感染高致病性禽流感疫情、2009 年的甲型 H1N1 疫情。

（三）水传播疾病

主要是由于生活饮用水受到致病微生物污染造成的传染病，如饮用不洁水或食用被污水污染的食物可引起伤寒、霍乱、痢疾等。

（四）意外事故和其他类型的伤害

如大面积人群出现的踩踏伤、骨折等。

（五）群体性不明原因疾病

短时间内某个相对集中的区域内同时出现或相继出现具有共同临床表现的患者，且病例不断增加，范围不断扩大，又暂时不能明确原因。

（六）爆炸和恐怖袭击

大规模集会活动和重大活动期间，由于涉及的人数多、大众传播覆盖面广、社会影响强烈等原因，也是故意使用爆炸物等高发，公众成为潜在的袭击目标。尤其是有重大国际活动和有大量外宾参加的情况下，爆炸和核生化恐怖袭击发生的几率可能会有所增加。

（七）与天气冷热有关的疾病

由于大规模集会活动和重大活动期间，参与的人员数量可能比较多，且有可能在室外活动多，这样受极端天气冷与热影响较大，闷热时容易出现中暑，且心脏病多发等，低温情况时易出现冻伤、低温症，呼吸系统疾病如诱发哮喘。尤其是要注意老人和小孩在极端气候情况的卫生应急保障。

在常规应对的基础上，重点是应对可能的大规模伤亡。在这种情况下，可能会出现床位不足、急救药品短缺、急救设备（如呼吸机）缺少、库存血严重不足等问题。同时，由于出现大量的人员伤亡，医院短时间内要处置大量患者，要出现医护人员不足的情况，在患者情况紧张不能得到及时救治时，矛盾可能激化并造成更大范围的危害。

在活动期间出现了突发公共事件后，及时开展心理咨询和心理干预也是重要内容。在活动期间发生任何突发公共事件，如参与公众不能了解事件到信息和预防措施，可能会造成恐慌、情绪激动，或出现一些应激性疾病，要利用新闻媒体、广播电视等各种渠道广泛向公众普及心理自救相关知识，帮助广大公众克服心理障碍。

三、保障要点

（一）物资保障

活动举办前，卫生行政部门在配合政府和活动主办方做好活动保障工作的基础上，要重点做好本部门的卫生应急保障工作方案，充足的应急物资储备和装备到位是准备的重要环节。根据活动主办方的统一部署，可能涉及的各级卫生行政部门要组织辖区内相关医疗卫生单位开展公共卫生风险评估，根据评估结果，组织各单位制定大规模集会活动和重大活动卫生应急预案，重点是物资和装备准备预案。

（二）协调与配合

一般大规模集会活动和重大活动都是由政府主办，卫生部门作为组成部门承担卫生应急处置工作，这意味着需与各级行政部门（如中央政府、各级地方政府），各重要的职能部门（如应急管理、安全、交通运输、宣传、财政、农业、气象等），以及承担某些特定任务的单位建议统一工作机制和工作方式，及时就由可能发生的突发事件和相关信息进行沟通和交流。另外，在活动举办期间，我国生物恐怖和核恐怖的现场处置和伤病员救治工作主要由军地和武警卫生部门承担。

（三）培训和演练

承担医疗救援任务的各有关医疗机构的工作方案制订，组建医疗救治应急队伍，加强应急队伍培训和演练。根据实际情况和演练中发现的问题及时修订工作方案，并作好医疗救治设备器材、药品、物资、装备的储备与配置。

承担保障任务的卫生行政部门要指定承担紧急医疗救援任务的定点医院或急救中心。承担卫生应急医疗救援任务的定点医疗机构要具备一定的应急医疗服务的能力，尤其是人员配备、车辆、常用物资、装备的配置；作好驻地医疗点和应急医疗救治队伍的相关装备和物资的配置；各定点医院要作好人员、物资、设备、器材和药品的储备，确保急诊绿色通道畅通、预留一定数量的病床，以备收治参与危重患者和伤员。特别是作好各项常规保障工作的基础上，重点作好伤病人数激增情况下的物资和装备保障。

采供血机构要保障有充足的血液储备和供应，并协调建立区域内的血源调用补充机制，确保满足突发事件应对的需要。

（四）疾病监测

疾病预防与控制机构应协调相关部门确保活动举办地区内开展适当的疾病监控措施，包括实施法定报告传染病监测、症状监测、现场监督控制措施、损伤监督控制措施等；采取多种监测方式和渠道开展多辖区疾病监测，并作好相关趋势分析，在发现突发事件及相关信息后，应能迅速开展流行病学调查。

疾病预防与控制机构要组建突发急性传染病暴发疫情处置队伍，人员包括应急管理、流行病学、食品卫生、环境卫生、消毒、病媒生物控制等。作好病媒生物的监测，储备必要的消毒装备和消毒剂，如果保障的范围较大，可考虑配置大型车载式消毒器材和手持式消毒器材。做好中毒患者的监测工作，储备一定解毒药品、抗毒血清等。作好传染病疫情和疑似病例处置和管理,作好相关的技术、人员、物资和装备储备,尤其是各种传染病诊断试剂、抗病毒药品、预防性生物制品、个体防护装备(PPE)的储备。

(五)卫生监督

监督机构要加大活动期间环境卫生和食品安全监督检查力度。由于大规模集会和重大活动时,各方面参与的工作人员数量会非常放大,这使得环境卫生和食品安全尤为重要。加强周边环境水体的监测,购置必要的水质快速检测仪器,储备一些水质消毒剂。作好食物中毒的检测和甄别,并储备必要的检测试剂、诊断试剂和实验室样品等。

(六)医疗服务

各医疗卫生机构要作好极端天气情况下的公众防护,特别是老人和小孩防护。医疗机构要储备一定量的防暑降温药物、预防和治疗冻伤药物。

参考文献

[1] 王陇德. 应急管理——理论与实践. 北京：人民卫生出版社，2008.

[2] 王铁宁，王兵，王玉泉. 装备物流. 北京：国防工业出版社，2007.

[3] 李鸣，毛景立. 装备采购理论与实践. 北京：国防工业出版社，2004.

[4] 王玉泉. 装备费用——效能分析. 北京：国防工业出版社，2010.

[5] 王延章，叶鑫，裘江南，王宁. 北京：科学出版社，2010.

[6] 陈国华，张新梅，金强. 区域应急管理实务——预案、演练和绩效. 北京：化学工业出版社，2008.

[7] 姜平. 突发事件应急管理. 北京：国家行政学院出版社，2011.

[8] 计雷，池宏，陈安，等. 突发事件应急管理. 北京：高等教育出版社．2006.

[9] 左小德. 应急物流管理. 广州：暨南大学出版社，2011.

[10]《应急救援系列丛书》编委会. 应急救援装备选择与使用. 北京：中国石化出版社，2008.

[11] 傅征. 军队卫生装备学. 北京：人民军医出版社，2004.